I0139232

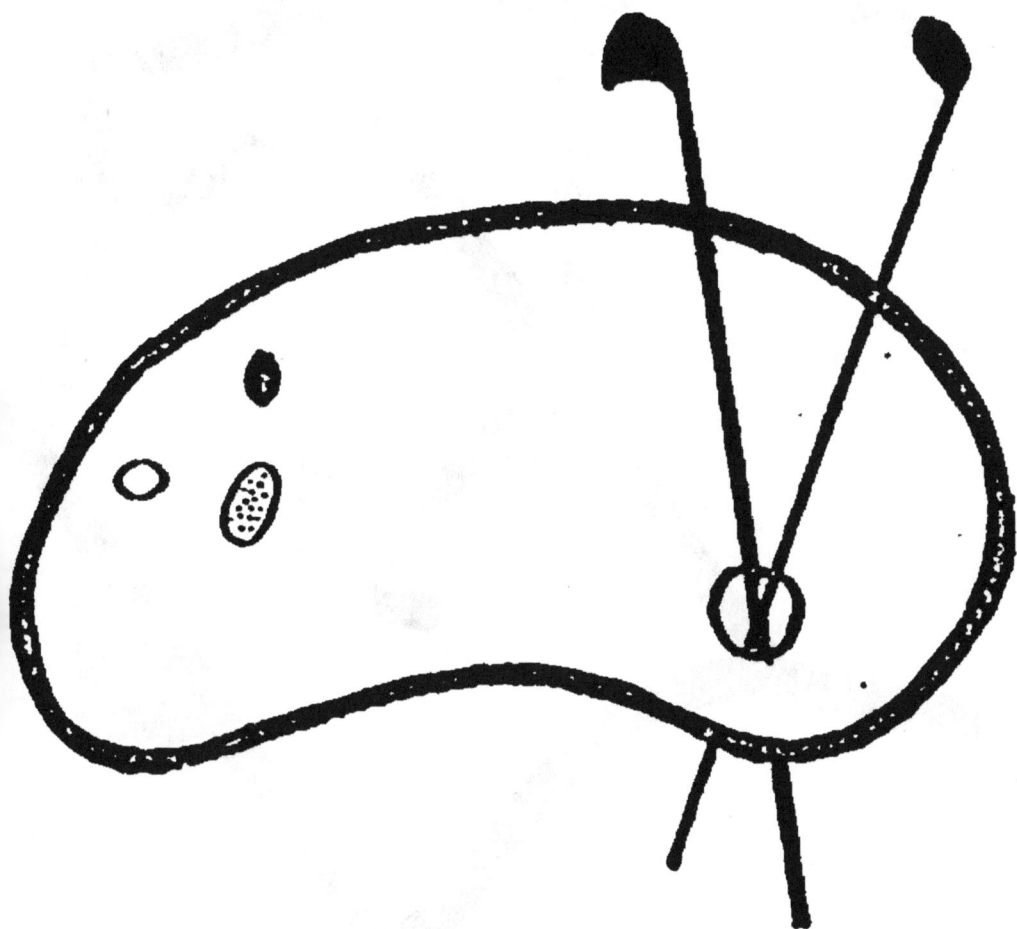

DEBUT D'UNE SERIE DE DOCUMENTS
EN COULEUR

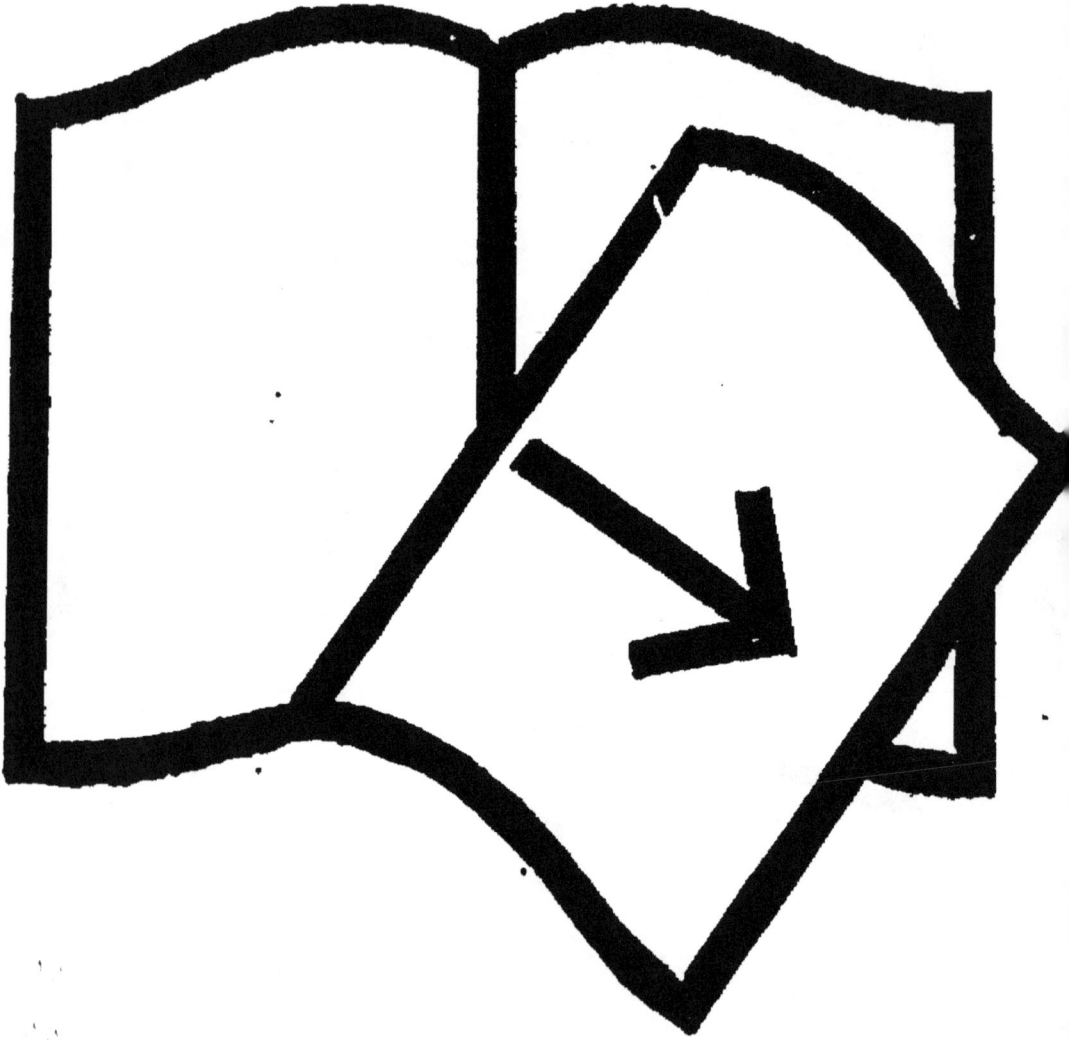

Couverture Inférieure manquante

Ret[on] 41818

gris

LA
FRANCHE-COMTÉ

ET

LE PAYS DE MONTBÉLIARD

PAR

A. CASTAN

Correspondant de l'Institut de France (Académie des Inscriptions et Belles-Lettres)
Membre non résidant du Comité national des travaux historiques.

PARIS
CH. DELAGRAVE
rue des Écoles, 58

BESANÇON
CHARLES MARION
2 et 4, place Saint-Pierre

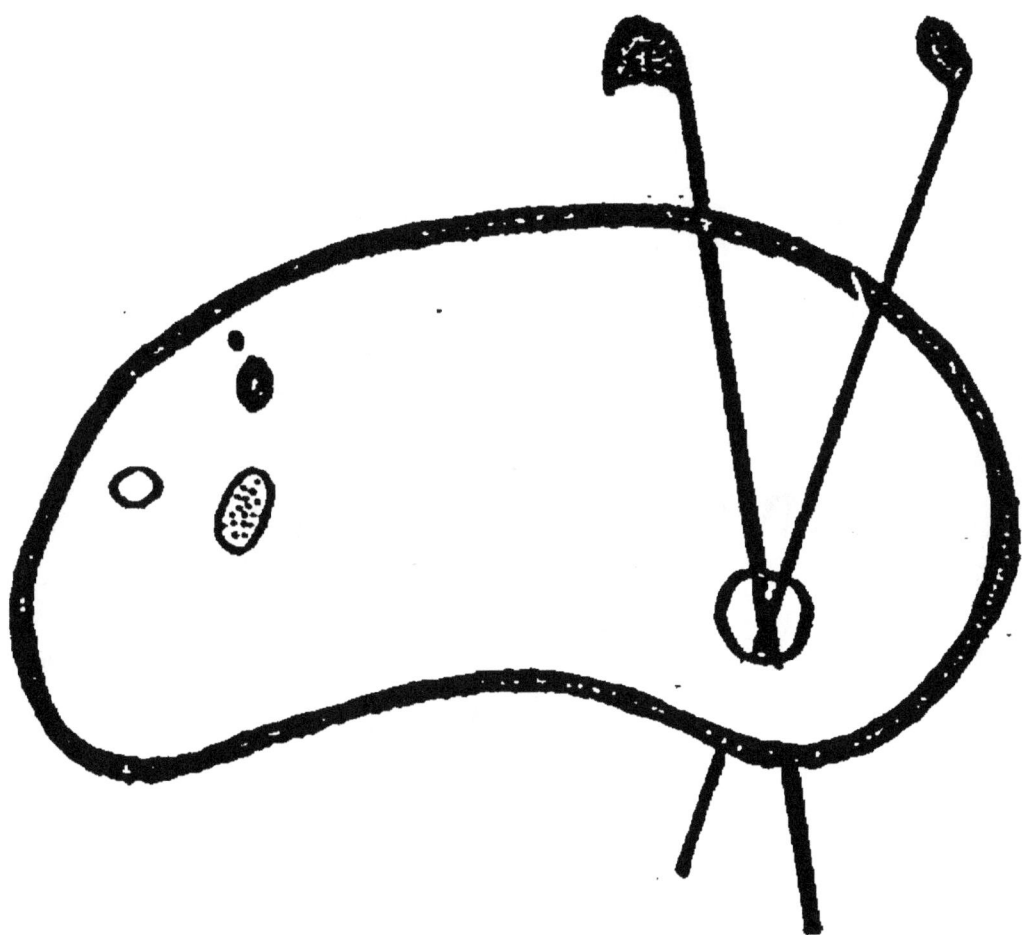

FIN D'UNE SERIE DE DOCUMENTS
EN COULEUR

LA
FRANCHE-COMTÉ
ET
LE PAYS DE MONTBÉLIARD

T ,2

PARIS. — IMPRIMERIE DE E. MARTINET, RUE MIGNON, 2

LA
FRANCHE-COMTÉ

ET

LE PAYS DE MONTBÉLIARD

PAR

A. CASTAN

Correspondant de l'Institut de France (Académie des Inscriptions et Belles-Lettres)
Membre non résidant du Comité national des travaux historiques.

DEPOT LEGAL
Seine
(N° 606 y
1890

PARIS

CH. DELAGRAVE

58, rue des Écoles, 58

BESANÇON

CHARLES MARION

2 et 4, place Saint-Pierre

1877

LA
FRANCHE-COMTÉ

ET LE PAYS DE MONTBÉLIARD

CHAPITRE PREMIER

PÉRIODE SÉQUANAISE

(115-47 av. J.-C.)

Divers noms de la Franche-Comté et ses limites naturelles. — Richesses du sol. — Importance stratégique de la Séquanie. — Aide prêtée à Marius contre les Cimbres et les Teutons. — Alliance des Séquanes avec Arioviste. — Tyrannie d'Arioviste et intervention de César. — Campagne de César contre Arioviste. — Soulèvement général de la Gaule : Vercingétorix. — Bataille du mont Colombin. — Siége d'Alesia. — Soumission complète de la Gaule.

1. Divers noms de la Franche-Comté et ses limites naturelles. — La province qui s'est appelée successivement Séquanie, haute Bourgogne, comté de Bourgogne et Franche-Comté, dont la majeure partie forme aujourd'hui les départements du Jura, du Doubs et de la Haute-Saône, a pour limites naturelles : au nord, les Vosges et les monts Faucilles; au nord-ouest, le plateau de Langres; à l'ouest, la Vingeanne, puis la Saône jusqu'à son con-

fluent avec le Doubs; au sud-ouest et au sud, la région bressane;
à l'est, la puissante barrière du Jura.

II. Richesses du sol. — Aucune contrée n'offre, dans une
moindre surface, la réunion de plus nombreuses ressources. Divisée diagonalement en trois zones bien distinctes, elle possède une
juste proportion de plaines, de coteaux et de hautes montagnes.
La première région (la plaine) abonde en prairies et en terres de
labour; la seconde (moyenne montagne) a des pentes merveilleuse-
ment disposées pour la culture de la vigne; la troisième (la montagne) fournit en quantité les bois de construction et de chauffage.
Le sous-sol, non moins riche, renferme en abondance le fer et le sel.

III. Importance stratégique de la Séquanie. — Ainsi dotée
par la nature, la terre franc-comtoise pouvait se passer des pays
voisins et constituer à elle seule une petite nationalité : c'est à ce
titre qu'elle figurait au premier rang de la confédération gauloise.
En parlant de ce pays, le géographe Strabon avait pu dire :
« Quand les Germains l'ont pour eux, ils sont forts contre l'Italie;
quand il leur manque, ils ne sont rien. » De la Franche-Comté
dépend, en effet, de fermer ou d'ouvrir cette porte ménagée par
la nature entre le Jura et les Vosges (la trouée de Belfort), en
deçà de laquelle se présentent trois vallées riches et commodes
(celles de la Saône, de l'Oguon et du Doubs) pour atteindre la
grande artère du Rhône.

**IV. Aide prêtée à Marius contre les Cimbres et les Teu-
tons.** — Lorsque les Romains eurent conquis une partie de la
Gaule, ils devinrent voisins des Séquanes, dont le territoire s'étendait jusqu'au Rhône. Il y eut dès lors nécessité pour Rome de
rechercher l'alliance de ce peuple, qui pouvait lui servir d'auxiliaire contre les envahisseurs de la Germanie. Cette éventualité ne
tarda pas à se produire : en effet, les Séquanes aidèrent puissam-

ment le général romain Marius dans sa campagne contre les Cimbres et les Teutons, peuples barbares venus des bords de la Baltique pour ravager l'Italie et l'Espagne. A la suite de ces événements, Catamantalède, roi des Séquanes, fut mis par le sénat au rang des princes amis du peuple romain (115-104 av. J.-C.).

V. Alliance des Séquanes avec Arioviste. — Deux partis étaient en présence quand César vint en Gaule : l'un avait à sa tête les Édues (Bourguignons actuels), l'autre les Séquanes. Ceux-ci, plus faibles que leurs rivaux, s'unirent aux Germains et à l'un de leurs chefs, Arioviste, qu'ils s'attachèrent par des présents. Forts de cet appui, ils défirent les Édues et obtinrent ainsi la suprématie non-seulement sur leurs adversaires, mais encore sur toutes les autres peuplades de la Gaule (62 av. J.-C.).

VI. Tyrannie d'Arioviste et intervention de César. — Arioviste, séduit par la richesse du sol de la Séquanie, « le meilleur terroir de toute la Gaule », au dire de César, s'y établit en dominateur, commettant des cruautés et des exactions. Ne pouvant à eux seuls congédier ce barbare, les Séquanes demandèrent du secours à Rome : leurs plaintes y trouvèrent de l'écho. Au moment où César méditait une intervention dans ce sens, les Helvètes (Suisses), encouragés par l'exemple des Germains, se disposaient aussi à sortir de leurs montagnes pour chercher en Gaule un ciel plus clément; ils se réunissaient à cet effet sur le bord du lac Léman. César crut ou feignit de croire la province romaine menacée, marcha contre les Helvètes et en fit un grand carnage : de 368 000 qui étaient partis, il en resta 110 000 à peine qui se soumirent et regagnèrent leur pays (61-58 av. J.-C.).

VII. Campagne de César contre Arioviste. — Le tour des Germains était venu. César les somma d'avoir à cesser les mauvais traitements qu'ils exerçaient sur les Édues et les Séquanes :

Arioviste, leur chef, répondit d'une façon hautaine et menaçante. César se hâta d'occuper Besançon, qu'il considérait comme un point stratégique du premier ordre; il en fit sa place d'armes et son centre d'approvisionnements. Arioviste tenait la trouée de Belfort. César alla à sa rencontre par la vallée de l'Ognon, ce qui allongeait sa marche, mais lui faisait éviter les régions montagneuses et boisées où son armée aurait pu être surprise. Au bout de six jours, ses éclaireurs vinrent l'avertir qu'il n'était plus qu'à quelques lieues de l'ennemi. Effrayé de cette marche rapide, Arioviste demanda au général romain une entrevue qui eut lieu, mais fut sans résultat : les deux armées restèrent en présence. Pendant cinq jours consécutifs, César offrit la bataille à son adversaire; mais celui-ci, par une crainte superstitieuse, ne voulait pas engager l'action avant la nouvelle lune. César, ayant connu ce fait par des prisonniers, n'hésita pas à prendre l'offensive. Après un combat acharné de part et d'autre, les Germains furent refoulés jusqu'au Rhin : Arioviste se trouva du petit nombre de ceux qui échappèrent au massacre. César ramena ses légions en Séquanie et y prit ses quartiers d'hiver. Force fut aux Séquanes de subir la loi de leur libérateur. César les contraignit à renoncer aux avantages obtenus par eux sur les Édues (58-56 av. J.-C.).

VIII. Soulèvement général de la Gaule : Vercingétorix. — Victorieux dans plusieurs campagnes, César était allé en Italie se faire décerner les honneurs du triomphe, quand la nation gauloise, oubliant ses querelles intestines, organisa contre la domination romaine un vaste soulèvement : l'âme de cette entreprise était un jeune Arverne nommé Vercingétorix. César accourut en toute hâte : l'intrépidité de sa marche frappa les Gaulois d'étonnement et de terreur. Impuissants à arrêter un tel adversaire, ils résolurent de tout détruire sur la ligne de ses opérations. Mais César, grâce à l'alliance des Édues et à la neutralité forcée des Séquanes, put continuer à recevoir des vivres de la province romaine. Après avoir emporté d'assaut la ville d'Avaricum (Bourges) et fait passer ses défenseurs au fil de l'épée, il remonta le cours de l'Allier pour atteindre Gergovia, la place d'armes de Vercingétorix. Pendant qu'il assiégeait ce formidable *oppidum*, les Édues, indignés du massacre d'Avaricum, se laissèrent gagner à la cause nationale. Pour la première fois, César dut battre en retraite, et cet échec releva le courage des Gaulois. Un plan de campagne fut aussitôt conçu pour couper la retraite aux Romains. Avec la promptitude de coup-d'œil qui appartient aux grands capitaines, César vit son salut dans un rassemblement immédiat de toutes ses forces : il rappela son lieutenant Labienus, qui opérait aux environs de Lutèce (Paris), et fut assez heureux pour se joindre à lui sous les murs d'Agedincum (Sens). Il s'agissait ensuite de descendre au plus vite dans la province romaine qui était menacée. Un seul chemin restait ouvert, celui de la Séquanie à la vallée du Rhône : Vercingétorix vint y attendre son adversaire (51-52 av. J.-C.).

IX. Bataille du mont Colombin. — Tandis que César se dirigeait vers le pays des Séquanes par l'extrême frontière des Lingons, afin de porter à la province romaine un plus facile secours, Vercingétorix vint asseoir son camp à dix mille pas des Romains. Les historiens anciens, interprètes autorisés de César, affirment que cette position prise par le général gaulois était en Séquanie : il s'ensuivrait que le lieu du combat aurait été un mamelon appelé le mont Colombin, entre Avrigney et Gy (Haute-Saône), où la tradition populaire conserve le souvenir d'une *grande victoire remportée par Jules César sur nos ancêtres les Gaulois* (52 av J.-C.).

X. Siége d'Alesia. — Débusqué de cette position, Vercingétorix rallia ses troupes et se dirigea à marches forcées vers Alesia, op-

pidum des Mandubiens, petit peuple qui semblerait avoir été enclavé dans le territoire des Séquanes. César poursuivit son ennemi, lui tua environ 3 000 hommes et campa le lendemain devant Alesia (1). La Gaule entière courut aux armes : un contingent de secours, fort de 218 000 hommes, dont 12 000 soldats des Séquanes, fut amené par Vergasillaune, cousin de Vercingétorix. Pendant ce temps, César avait fait creuser autour d'Alesia une immense ligne de contrevallation; il en fit tracer une seconde, appelée circonvallation, pour éviter d'être pris à dos par l'armée de secours. Enfin, après une série de combats dans lesquels l'avantage resta toujours aux Romains, les défenseurs d'Alesia, décimés par la famine, se rendirent à discrétion. Vercingétorix, emprisonné comme un criminel, ne reçut la mort qu'après avoir figuré dans une pompe triomphale de son vainqueur (52 av. J.-C.).

XI. Soumission complète de la Gaule. — César employa cinq années encore à détruire les germes d'insurrection qui se manifestèrent sur divers points de la Gaule. Après quoi, ce beau pays, épuisé par une guerre de douze ans, put être regardé par Rome comme une terre définitivement conquise (47 av. J.-C.)

ITINERAIRE I

ALAISE ET LA VALLÉE DE NANS. — Départ de Besançon par la route de Beure cirque de rochers et cascade du *Bout-du-Monde*. — Montée d'Arguel : vestiges d'un château fort détruit par les Français, en 1688. — Traversée du champ de bataille de *Bois-Néron*; aspect des ruines féodales de Montrond. — Passage de la Loue à Cléron : curieux manoir restauré; vue des ruines du château de Scey. — Montée de Fertans : le menhir naturel appelé *Tournlâtre*. — D'Amancey (endroit de halte) aller sur la lisière du plateau, au-dessus de Coulans et Refranche, lieu dit *les Gaules* : de ce terrain, qui est semé de tombelles gauloises, vue d'ensemble du massif d'Alaise, type

(1) Alaise, canton d'Amancey (Doubs), suivant le système que nous adoptons; Alise-Sainte-Reine (Côte-d'Or), d'après le plus grand nombre des érudits.

d'*oppidum*. — Descendre au moulin Chiprey; remonter sous bois (rive droite) le cours tortueux du Lison (4 heures de marche), pour arriver à Nans (bon gîte). — A Nans, visiter le Bief-Vernau, la Grotte Sarrazine (cathédrale druidique), la source du Lison, le creux Biard, le Pont-du-Diable. — Ascension de la forteresse de Sainte-Agne, détruite par Louis XIV, et du château féodal de Montmahou (magnifiques panoramas). — Ascension du massif d'Alaise par le chemin de Sarraz, qui confine au gigantesque éboulis des rochers d'*En-Dieu* : voir des restes de maisons gauloises à *Châtaillon*, de grandes tombelles au *Fouré*, un chemin à ornières profondes dans le col de la *Langutine*, une antique retenue d'eau à *Bellague*, la cascade du *Gour de Conche*. — Gagner de là, en descendant le cours du Taudeur, la plaine de Myon (*planities intermissa collibus*) qui borde sur son flanc occidental le massif d'Alaise (*Alesia*, suivant la découverte faite en 1855 par M. Alphonse Delacroix et défendue par M. Jules Quicherat).

CHAPITRE II

PÉRIODE ROMAINE

(47 av. J.-C. — 407 apr. J.-C.)

Procédés de Rome pour s'assimiler la Gaule. — Auguste rattache la Séquanie à la Belgique. — Routes romaines. — Villes et bourgades romaines en Séquanie. — Florus et Sacrovir. — Bienfaits de l'empereur Claude; révolte de Vindex contre Néron; bataille de Vesontio. — Reconnaissance de Galba envers les Séquanes et représailles de Vitellius. — Le rebelle Sabinus battu par les Séquanes. — Vesontio colonie romaine : ses édifices publics. — Martyre des apôtres chrétiens Ferréol et Ferjeux. — Création de la province militaire dite *Maxima Sequanorum*. — Écoles de Vesontio. — Anarchie militaire : victoires d'Aurélien et de Probus. — Extension du territoire de la Séquanie sous Dioclétien. — Vesontio métropole religieuse. — Julien relève la Séquanie de ses ruines. — Le Vandale Crocus en Séquanie. — La Séquanie pactise avec les Burgondes.

1. Procédés de Rome pour s'assimiler la Gaule. — Ce n'était point par la violence, mais par des procédés insinuants, que Rome faisait adopter aux nations conquises sa législation, sa langue et ses mœurs. Le peuple gaulois, qui aimait la nouveauté, se prêta docilement à cette transformation : le vieux culte national, le drui-

disme lui-même, céda bientôt la place aux divinités officielles de
Rome. La Séquanie resta paisible pendant les guerres civiles, et
César put en tirer des soldats, particulièrement des cavaliers, qui
l'aidèrent à battre ses rivaux. Ce fut un prince des Séquanes, nommé
Capène, qui, sur la demande du triumvir Antoine, mit à mort De-
cimus Brutus, l'un des assassins de César.

II. Auguste rattache la Séquanie à la Belgique. — Auguste
entreprit de donner à la Gaule des institutions qui lui imprimassent
une forte unité politique, en faisant disparaître tout ce qui pouvait
perpétuer les traditions nationales. La Gaule indépendante était
généralement partagée en sections longitudinales s'étendant du
nord au midi; une nouvelle division leur substitua des sections
transversales. La Séquanie, qui, avant la conquête, appartenait au
groupe territorial appelé Celtique, fut rattachée par Auguste à la
Belgique pour constituer, en deçà des Vosges, comme une seconde
ligne de défense contre l'envahissante Germanie. Lyon fut érigée
en capitale de la Gaule : Auguste y eut son sanctuaire desservi par
autant de pontifes que la nation comptait de peuplades. La Séquanie entretenait son pontife auprès de ce fameux autel (37-10
av. J.-C.).

III. Routes romaines. — Pour assurer les marches militaires
et favoriser les transports commerciaux à travers la Gaule, Agrippa,
le gendre d'Auguste, fit partir de Lyon quatre grandes routes dont
l'une fut dirigée vers le Rhin. Cette route entrait en Séquanie par
le sud-ouest, traversait Vesontio (Besançon), s'engageait dans la
vallée du Doubs dont elle remontait le cours jusqu'à Epomanduodurum (Mandeure), et de là gagnait la Rauracie par la trouée des
Vosges. Plusieurs autres voies furent créées ensuite pour relier le
chef-lieu de la Séquanie avec les principaux centres du voisinage.
Sur le parcours de ces routes, qui ont servi pendant tout le moyen

âge et dont il subsiste encore de nombreux vestiges, l'administration romaine échelonnait, comme gîtes d'étapes pour les soldats, des camps retranchés : on peut voir, près d'Audelange (Jura), celle de ces stations qui s'appelait Crusinia.

IV. Villes et bourgades romaines en Séquanie. — Les Gaulois s'initiaient en même temps à l'art des constructions civiles. Vesontio (Besançon) et Epomanduodurum (Mandeure) se peuplèrent de somptueux édifices. La Séquanie romaine comptait en outre beaucoup de riches bourgades : telles étaient Luxovium (Luxeuil), dont les eaux thermales attiraient un grand nombre de baigneurs; Portus Abucinus (Port-sur-Saône), place commerciale qui écoulait les grains et les fourrages récoltés dans les plaines fertiles de la Saône; Abiolica (Pontarlier), entrepôt des sapins coupés sur les hautes cimes de la chaîne jurassique; Salinæ (Salins), centre d'exploitation pour le sel et de culture pour la vigne. Les gourmets de Rome et d'Athènes appréciaient les vins du Jura et les salaisons de viande de porc provenant de la Séquanie

V. Florus et Sacrovir. — Il fallut les exactions du fisc romain pour que les Gaulois regrettassent leur ancienne indépendance. Florus, chez les Trévires, et Sacrovir, chez les Édues, se mirent à la tête des mécontents qui étaient nombreux aussi parmi les Séquanes. Le général romain Silius, chargé d'étouffer cette révolte, se jeta d'abord sur la Séquanie qu'il punit en la ravageant; puis il écrasa les insurgés aux environs d'Autun (21 ap. J.-C.).

VI. Bienfaits de l'empereur Claude; révolte de Vindex contre Néron; bataille de Vesontio. — Après le règne honteux de Caligula, l'empereur Claude, né à Lyon, eut une prédilection spéciale pour les Gaulois; il leur obtint la faculté de parvenir aux siéges du sénat romain. Mais, avec Néron pour maître, la Gaule vit ses deniers servir aux extravagances d'un fou furieux. Un patriote se leva pour protester : c'était le sénateur aquitain Julius Vindex. Cet intrépide soldat appela la Gaule à l'insurrection et proclama empereur le vieux Sulpicius Galba, général des légions d'Espagne. Cent mille combattants furent bientôt acquis à cette cause. Cependant les légions de la Germanie supérieure, que commandait Verginius Rufus, n'admirent pas le principe d'une telle révolte. Avant que les confédérés eussent eu le temps de s'organiser, elles entrèrent brusquement sur le territoire des Séquanes. Vesontio leur ferma ses portes. Les deux généraux parlementèrent et finirent par s'entendre ; ils négligèrent malheureusement d'instruire leurs soldats des conditions du traité. Il avait été convenu que Vindex entrerait dans la ville avec ses troupes : le mouvement qu'il fit pour s'y rendre fut interprété par les légions comme une manœuvre hostile. Les Gaulois, attaqués à l'improviste, se rassemblèrent et firent résistance. Il s'ensuivit une affreuse mêlée qui coûta la vie à 20 000 Gaulois. Vindex désespéré se donna la mort. Le théâtre de ce combat, qui se trouve en arrière de la citadelle de Besançon, sur le premier plateau du Jura, a retenu le nom de Bois-Néron (44-68).

VII. Reconnaissance de Galba envers les Séquanes et représailles de Vitellius. — Galba, successeur de Néron, se montra prodigue de récompenses envers les peuplades de la Gaule qui avaient pris part à l'insurrection. Les Séquanes reçurent à ce propos un accroissement de territoire, une diminution d'impôts, la concession de libertés municipales. Mais Vitellius, à la tête des légions du Rhin, vint bientôt ravager le pays favorisé par Galba. Vespasien, en arrivant au pouvoir, mit un terme à ces représailles (68-69).

VIII. Le rebelle Sabinus battu par les Séquanes. — Toutes ces révolutions, qui montraient la fragilité de l'autorité impériale, réveillaient le sentiment national chez les peuples conquis. Durant la lutte entre Vitellius et Vespasien, le batave Civilis, aidé par les Germains, eut la bonne fortune de battre les légions romaines. Les druides, sortis de leurs retraites, déclarèrent que les dieux protégeaient la Gaule et abandonnaient Rome. Une assemblée de Gaulois tenue à Cologne décréta la constitution d'un *empire des Gaules*. Les Séquanes, voyant que le mouvement profiterait plus à leurs voisins qu'à eux-mêmes, restèrent fidèles à Rome. Sabinus, qui s'était fait proclamer empereur chez les Lingons, essaya d'envahir la Séquanie. Battu par les habitants du pays, il se réfugia dans une caverne que l'on croit être la *Baume-Noire*, entre Fretigney et Oiselay (Haute-Saône). Il y passa neuf années, assisté et consolé par sa femme, la vertueuse Eponine, qui partagea son supplice à Rome quand leur retraite eut été découverte. La défaite de Sabinus arrêta subitement, au dire de Tacite, la fièvre d'insurrection qui s'était emparée de la Gaule. La Séquanie, à laquelle Rome devait ce résultat, fut réputée *fidèle*. Vespasien lui témoigna sa confiance en réduisant l'effectif des troupes chargées d'occuper son territoire (70-78).

IX. Vesontio colonie romaine : ses édifices publics. — La Séquanie vécut en paix jusqu'au règne de Marc-Aurèle; mais, à cette époque, les Germains firent une levée de boucliers qui menaça sérieusement la Gaule et l'Italie. Marc-Aurèle repoussa ces barbares; puis, afin de leur barrer la route, il fit de Vesontio un boulevard militaire, c'est-à-dire une colonie romaine. Par les soins des vétérans qui s'y établirent, la capitale des Séquanes fut embellie à l'image de Rome : une source abondante fut canalisée et distribuée dans la ville; un vaste amphithéâtre fut construit sur les bords du Doubs, à l'extrémité de la rue d'Arènes actuelle qui en conserve le nom; on encadra de portiques le forum (rue des

Chambrettes); un vaste édifice circulaire, affecté aux réunions électorales, s'éleva au champ de Mars (Chamars actuel); sur un arc de triomphe qui servait de frontispice au quartier de la citadelle, on représenta par des sculptures les récents exploits de Marc-Aurèle; un théâtre (place Saint-Jean), rapproché de cet arc, avait été commencé dans des proportions grandioses. Enfin, le capitole (Grand'rue, 91), temple entièrement construit en marbre, marquait le centre de la presqu'île où s'étalait Vesontio (167-180).

X. Martyre des apôtres chrétiens Ferréol et Ferjeux. — Dès la fin du règne de Marc-Aurèle, un essaim de l'Église chrétienne de Smyrne, fondée par l'apôtre saint Jean, s'était établi à Lyon, où la persécution n'avait fait que lui gagner des adeptes. Bientôt cette Église de Lyon fut assez nombreuse pour fournir à son tour des missionnaires : saint Irénée, son évêque, envoya Ferréol et Ferjeux en Séquanie. La tradition rapporte qu'ils célébraient les saints mystères dans une grotte très rapprochée de Vesontio. Leur parole opéra des conversions importantes, entre autres celle de la femme du préfet de la Séquanie, nommé Claudius. Peu de temps après, ce fonctionnaire reçut l'ordre de réprimer énergiquement la propagande chrétienne. Ferréol et Ferjeux furent arrêtés, et comme ils ne voulurent pas renier leur foi, Claudius les fit mourir dans de cruels tourments. Cet affreux spectacle fut donné au peuple de Vesontio, dans le théâtre de cette ville, le 16 juin de l'année 212. Plus tard, quand les persécutions cessèrent, ce fut le souvenir des deux confesseurs qui fit choisir comme emplacement du baptistère un coin du théâtre où avait coulé leur sang (180-212).

XI. Création de la province militaire dite *Maxima Sequanorum*. — Cependant les tribus germaniques devenant de jour en jour plus menaçantes, la Séquanie fut assimilée aux deux pro-

vinces essentiellement militaires qui doublaient la barrière du
Rhin. On augmenta son territoire du pays des Rauraques (canton
de Bâle) et de la partie jurassique de l'Helvétie (Suisse romande).
Cet ensemble forma la *Provincia Maxima Sequanorum*, appelée
Maxima du nom de l'empereur Maximus Pupienus qui l'avait
ainsi constituée. Vesontio devint dès lors une grande métropole et
le siége d'un vaste commandement militaire : elle eut pour
clientes les colonies romaines qui se nommaient Augusta Rauracorum (Augst, près de Bâle), Equestris (Nyon) et Aventicum (Aven-
ches) (238).

XII. Écoles de Vesontio. — A cette époque, les écoles de
Vesontio égalèrent en célébrité celles des centres les plus lettrés
du monde romain : elles furent dirigées, concurremment avec celles
de Lugdunum (Lyon), par Julius Titianus, qui, au dire des historiens de la latinité, pouvait se comparer à Cicéron pour l'éloquence
et à Quintilien pour l'érudition.

**XIII. Anarchie militaire; victoires d'Aurélien et de Pro-
bus.** — Dès le milieu du IIIᵉ siècle, l'anarchie militaire fut à son
comble dans le monde romain : chaque légion faisait des empereurs et désertait la frontière pour aller à Rome imposer ses élus.

Les Germains prirent l'habitude de franchir le Rhin et de venir
fourrager dans la Gaule. Aurélien et Probus parvinrent à retarder
l'heure des grands désastres. Non-seulement Probus tailla en pièces
la peuplade germanique des Burgondes qui venait de saccager les
beaux édifices d'Epomanduodurum (Mandeure), mais il occupa ses
troupes à réparer les dégâts commis par les envahisseurs et en-
couragea la culture de la vigne sur les coteaux de la Gaule (253-
282).

**XIV. Extension du territoire de la Séquanie sous Dioclé-
tien.** — Dioclétien crut renforcer l'administration romaine en

s'associant trois généraux pour gouverner : il y eut deux Augustes et deux Césars, chacun ayant une circonscription à régir. Constance Chlore, l'un des Césars, eut la Gaule dans son département. La Séquanie vit accroître sa situation de province militaire : on lui annexa la haute Alsace, une partie du Brisgau et tout le morceau d'Helvétie qu'elle ne possédait pas encore. Ce fut sur ce territoire, à Vindonissa (Windisch), que Constance Chlore fit éprouver un rude échec aux Barbares (284-287).

XV. Vesontio métropole religieuse. — Constantin, fils de Constance Chlore, parvint à se débarrasser de ses associés au gouvernement et conserva le pouvoir pour lui seul : il divisa le territoire romain en quatre grandes préfectures, subdivisées elles-mêmes en diocèses et ceux-ci en provinces régies par des présidents. Le président de la province Séquanaise avait son palais à Vesontio : c'est sur les ruines de cet édifice que s'éleva, au VIIe siècle, l'abbaye Saint-Paul. Constantin autorisa le libre exercice de la religion chrétienne ; puis, quand il l'eut embrassée lui-même, le clergé prit rang parmi les pouvoirs publics. La capitale de chaque province eut un évêque métropolitain, qui plus tard porta le titre d'archevêque ; on institua des évêques suffragants dans les villes importantes de la circonscription. Vesontio devint le siége du métropolitain de la province séquanaise : des évêchés suffragants furent créés à Aventicum (Avenche), à Augusta Rauracorum (près de Bâle), à Equestris (Nyon) et à Vindonissa (Windisch). C'est là l'origine de la suprématie religieuse qu'exerçait l'archevêque de Besançon sur une grande partie de la Suisse et sur la haute Alsace. La pieuse Hélène, mère de Constantin, séjourna quelque temps à Vesontio et s'intéressa vivement aux deux basiliques que l'évêque Hilaire faisait alors construire : l'un de ces édifices, dédié à saint Étienne, succédait au temple de Jupiter que renfermait la citadelle ;

l'autre, sous le vocable de saint Jean, était voisin de l'arc triomphal. Pour seconder ces entreprises, Hélène envoya de Rome un bateau chargé de marbres et de bronze; mais cette cargaison, maladroitement engagée sur le Doubs, périt avant d'arriver au port. La princesse put toutefois faire parvenir à l'évêque Hilaire des reliques du premier martyr (306-337).

XVI. Julien relève la Séquanie de ses ruines. — Sous la domination de Constance, l'un des indignes fils de Constantin, la Gaule redevint une proie pour les Germains. En une seule expédition (355), ces Barbares y brûlèrent quarante-cinq villes : toutes celles de la Séquanie furent comprises dans ce désastre. Julien, le seul homme capable de la famille impériale, accourut, malgré l'ombrageux Constance, pour refouler l'invasion. Il y réussit, puis étudia les moyens de prévenir le retour d'un tel fléau. Par ses soins, Vesontio se releva comme forteresse, et les points stratégiques de la Séquanie furent munis de remparts : on attribue à cette époque le château de Montbéliard et le Château-Julien, près de Pont-de-Roide. Devenu empereur à son tour, Julien voulut fonder une religion de l'État, ayant pour dogmes les vieilles croyances romaines et pour morale les principes des sages de la Grèce. Il en résulta des mesures de rigueur contre le clergé chrétien. L'évêque de Vesontio, saint Just, quitta son siége et resta en exil jusqu'à la mort de Julien (355-363).

XVII. Le Vandale Crocus en Séquanie. — A partir de ce moment, la Séquanie fut sans cesse menacée et fréquemment envahie. A peine venait-elle de subir le flot terrible entre tous de l'année 406, que Crocus, à la tête d'une horde de Vandales, s'y précipitait depuis le pays de Langres. Ce sauvage dévasta Port-Abucin (Port-sur-Saône) et y fit mourir l'archidiacre Vallier, s'empara par trahison du bourg de Rustiacum (Ruffey sur l'Ognon) où l'évêque de Vesontio Antide fut à son tour immolé, puis vint menacer la capitale de la Séquanie. La tradition veut qu'il ait assis son camp sur la hauteur de Beauregard, circonstance pour laquelle cette colline se serait appelée autrefois *Mons Vandalorum*, vocable qui est devenu *Mont-Mandelier* dans le français populaire. Vesontio sut résister encore à cette attaque (106-107).

XVIII. La Séquanie pactise avec les Burgondes. — Les rivalités des généraux romains venant ajouter le fléau de la guerre civile à celui de l'invasion, la population de la Séquanie, affolée par tant de misères, fut réduite à choisir pour protecteurs les plus civilisés d'entre les Barbares : elle pactisa avec les Burgondes.

ITINÉRAIRE II

BESANÇON COLONIE ROMAINE. — Depuis la gare du chemin de fer, qui occupe en partie le lieu dit *En Chastres* (*In castris*), emplacement d'un camp retranché de l'époque romaine, descendre en ville par l'une quelconque des rues du Charmont (*Calceus mons*); laisser à droite la rue d'Arènes qui conduisait à l'amphithéâtre romain absolument détruit; franchir le Doubs sur un pont de pierre qui a pour noyau le pont romain; monter la Grande-Rue, qui fut une voie romaine pavée de grandes dalles; laisser à droite la rue des Chambrettes qui recouvre les restes d'un *Forum*; entrer dans la cour de la maison n° 91 pour voir une terrasse qui englobe le Capitole; visiter le square archéologique où sont disposés extérieurement les restes du théâtre de Vesontio, et souterrainement le bassin où se déversait le canal d'Arcier à l'époque romaine; examiner l'arc de triomphe, anciennement appelé *Porte de Mars*, et aujourd'hui *Porte Noire*, qui sert encore de frontispice au quartier de la citadelle; monter à cette forteresse où, avec une permission, on pourra faire le tour des chemins de ronde et s'assurer de la fidélité du portrait qu'a tracé César du site de Vesontio. — Sortir de ville par la *Porte-taillée*, coupure faite dans le roc pour l'introduction en ville du canal romain; monter, par l'isthme de 1600 pieds romains, à Trochâtey (*Retro castrum*), et y voir de curieux tronçons des chemins gaulois et des routes romaines qui reliaient l'*arx* de Vesontio aux plateaux montagneux de la Séquanie.

CHAPITRE III

PÉRIODE BURGONDE

(407-531.)

Origine des Burgondes et leur premier établissement en Gaule sous la conduite de Gondicaire. — Gondioc aide les Romains à repousser Attila. — Partage des terres entre les indigènes et les Burgondes ; les villes épiscopales et les monastères. — Vaste étendue de la Burgondie sous le roi Gondioc. — Le roi Gondebaud meurtrier de sa famille. — Législation de Gondebaud. — Le roi Sigismond dote un monastère pour expier le meurtre de son fils. — Expéditions des Francs contre le roi Godomar et fin du premier royaume de Burgondie.

I. Origine des Burgondes et leur premier établissement en Gaule sous la conduite de Gondicaire. — Les Burgondes, dont la domination remplaça celle de Rome dans nos contrées, étaient un rameau de la race des Vandales. Établis, depuis 275, sur la frontière rhénane, ils avaient emprunté aux Gallo-Romains les arts industriels, les procédés agricoles et jusqu'à la religion chrétienne. Ils franchirent la frontière en 407, et se répandirent dans les pays situés entre le haut Rhin, le Rhône et la Saône. Les populations leur firent bon accueil, et le débile gouvernement d'Honorius leur concéda ce qu'ils avaient occupé. Ils élurent pour roi leur chef Gondicaire et étendirent encore leurs conquêtes. Vienne sur le Rhône devint leur capitale (407-427).

II. Gondioc aide les Romains à repousser Attila. — Successivement battus par le patrice romain Aëtius et par les hordes des Huns, les Burgondes perdirent leur roi Gondicaire, et leur situation se trouva fort ébranlée ; mais le nouveau roi Gondioc sut

se faire l'allié des Romains, qui lui conférent des territoires à défendre : il fournit un contingent à l'armée qui battit Attila. Ce
fléau de Dieu, comme il s'intitulait lui-même, détacha du gros de
ses troupes un corps d'armée qui força la trouée de Belfort et
ravagea la Séquanie. La grande victoire d'Aétius, dans les champs
catalauniques, délivra la Gaule de ces farouches envahisseurs (135-
151).

**III. Partage des terres entre les indigènes et les Bur-
gondes, les villes épiscopales et les monastères.** — Durant
la période de calme qui suivit cette victoire, il se fit un partage
des terres entre l'aristocratie des Burgondes et les anciens propriétaires du sol. Les villes épiscopales furent exceptées du partage : là se perpétuèrent les habitudes romaines, et les évêques,
qui en furent les conservateurs, commencèrent ainsi l'édifice
de leur puissance temporelle. En même temps naissaient les monastères, qui devinrent des colonies de défricheurs : les frères
Romain et Lupicin bâtirent celui de Condat (aujourd'hui Saint-
Claude), dans les anfractuosités rocheuses du Jura méridional
(152-155).

IV. Vaste étendue de la Burgondie sous le roi Gondioc.
— Gondioc avait eu la bonne fortune d'épouser la sœur du patrice Ri-
cimer, qui tint l'empire romain sous sa tutelle, de 456 à 472. Les
plus larges concessions furent faites aux Burgondes : leur royaume
engloba les territoires actuels de la Franche-Comté, du pays de
Langres, de la Bourgogne, de la Suisse romande, de la Bresse,
du Bugey, du Lyonnais, de la Savoie, du Dauphiné et de la Provence (156-170).

V. Le roi Gondebaud meurtrier de sa famille. — A la mort
de Gondioc, vers 470, ses quatre fils se partagèrent le royaume.
Gondebaud, l'aîné, obtint les deux provinces actuelles de Bour-

gogne et de Franche-Comté. Cette division fut fatale aux princes de la maison de Burgondie. Par égard pour un menaçant voisin, ils durent embrasser l'hérésie arienne et persécuter le clergé national : un Burgonde, nommé Chelmégisèle, s'assit alors sur le siége épiscopal de Besançon. Puis la discorde éclata entre les fils de Gondioc. Gondebaud fit un massacre de deux de ses frères et de la plus grande partie de leurs familles. Deux filles seulement furent épargnées : l'une d'elles, Clothilde, épousa le vaillant Clovis, chef des Francs saliens, qui mit à feu et à sang les États du meurtrier (470-501).

VI. Législation de Gondebaud. — Gondebaud, qui s'était délivré de son troisième frère par un nouvel assassinat, régna seul sur la Burgondie. Il se réconcilia avec la population conquise en promulguant un code, appelé *loi gombette*, où les Bourguignons et les Gallo-Romains étaient mis sur le pied d'une égalité parfaite. Sans renoncer lui-même à l'arianisme, il autorisa son héritier présomptif à rentrer dans la religion orthodoxe (501-516).

VII. Le roi Sigismond dote un monastère pour expier le meurtre de son fils. — Sigismond, fils et successeur de Gondebaud, s'empressa de rendre aux évêques nationaux la liberté d'assembler des conciles : celui qui se tint à Epaone en 517, comptait dans ses rangs l'évêque Claude Ier de Besançon. Malgré sa piété, Sigismond fit tuer un de ses fils ; mais il s'en repentit aussitôt, et la dotation du célèbre monastère d'Agaune (Saint-Maurice en Valais) fut le sacrifice expiatoire de ce crime : les salines de Salins y étaient comprises (522).

VIII. Expéditions des Francs contre le roi Godomar et fin du royaume de Burgondie. — Les fils de Clovis, héritiers du ressentiment de leur mère contre la dynastie de Gondebaud,

prirent prétexte du meurtre de leur cousin pour envahir la Burgondie et détrôner Sigismond. L'aristocratie burgonde l'ayant
remplacé par son frère Godomar, les opinions ariennes de ce prince
motivèrent une nouvelle expédition des Francs unis aux Ostro-
goths : Godomar fut battu; mais Clodomir, l'un des rois francs,
périt dans la mêlée. Une troisième campagne, qui dura deux
années, mit toute la Burgondie au pouvoir des deux fils survivants
de Clovis. Godomar, fait prisonnier, fut enfermé dans une forteresse, et les vainqueurs démembrèrent ses États. Ainsi finit, après
avoir duré cent vingt ans, le premier royaume de Burgondie (523-
534.)

ITINÉRAIRE III

LE PAYS DE MONTBÉLIARD. — La porte naturelle des grandes invasions s'ouvrant
sur ce pays, on y trouve des castramétations, des sépultures militaires et des ruines.
Le mont Vaudois et le mont Barl, qui viennent d'être couronnés par des forts, étaient
déjà des refuges défensifs au temps où l'on combattait avec des armes en silex. Mandeure (*Epomanduodurum*) était, à l'époque romaine, une ville possédant de beaux
édifices : on y voit encore le théâtre qui pouvait contenir au moins 12 000 spectateurs.
Les sépultures burgondes sont nombreuses dans cette région, particulièrement à
Allanjoie. — Voir à Montbéliard : le château, avec ses deux tours, l'une du XVe siècle,
et l'autre du XVIe siècle; les halles à portiques de cette dernière époque; les musées
d'histoire naturelle et d'archéologie; le temple de Saint-Martin du commencement du
XVIIe siècle; l'église catholique bâtie récemment dans le style de la Renaissance; la
statue de Georges Cuvier, par David d'Angers. — Le pays de Montbéliard est semé
d'usines aussi variées que puissantes : cette région industrielle commence à Clerval
(fonderies), se continue à l'Isle-sur-le-Doubs (tréfilerie et fabrique de vis à bois), englobe les cantons de Montbéliard, d'Audincourt, de Pont-de-Roide et de Blamont :
forges, quincaillerie, horlogerie, jouets mécaniques, filatures, etc.

CHAPITRE IV

PÉRIODE FRANQUE
(531-741.)

La Burgondie sous les descendants de Clovis : piété du roi Contran. — Les maires du palais Prothade et Claude. — Colomban fonde l'abbaye de Luxeuil ; il est exilé à Besançon. — Clotaire II est un nouveau Contran. — L'évêque Donat et les monastères de Besançon. — Rivalité d'Ebroïn et de Léger : la terreur en Burgondie. — Gouvernement du patrice Norbert ; démoralisation du clergé. — Les Sarrazins en Burgondie : Charles Martel les taille en pièces. — La Burgondie adjugée à Pépin le Bref.

1. La Burgondie sous les descendants de Clovis : piété du roi Contran. — Le royaume de Burgondie, conquis sur Godomar, fut divisé entre les princes de la dynastie franque : Théodebert, petit-fils de Clovis, eut en partage Besançon, Langres, Chalon-sur-Saône, Genève et Viviers. Mais ces territoires revinrent bientôt à Clotaire Ier, qui régna sur toutes les provinces conquises par les Francs. La mort de ce monarque amena un nouveau partage : Contran, son second fils, fut roi d'Orléans et de Burgondie ; il fixa sa résidence à Chalon-sur-Saône. La nature violente qu'il tenait de ses origines fut tempérée chez lui par une profonde piété : sa principale jouissance était d'entendre chanter les psaumes. Les évêques, déjà prépondérants dans les villes où ils siégeaient, acquirent sous ce règne une véritable omnipotence. C'est de cette époque que datent les prérogatives souveraines du siége épiscopal de Besançon. Contran ne fut pas moins libéral envers les monastères : on lui attribue la fondation de l'abbaye de Baume-les-Dames, et l'on sait qu'il dota celle de Saint-Bénigne de Dijon de la moitié du bourg de Pontarlier (531-593).

C.

II. Les maires du palais Prothade et Claude. — Childebert, neveu et héritier de Gontran, laissa deux fils sous la tutelle de leur aïeule Brunehaut. Prothade, de la noblesse gallo-romaine de Besançon, fut, avec le titre de maire du palais, l'instrument de cette femme altière dans les États du jeune Thierry, roi d'Orléans et de Burgondie. L'aristocratie du pays renversa Prothade et lui donna pour successeur Claude, qui avait même origine; celui-ci dut compter avec les seigneurs de Burgondie (596-607).

III. Colomban fonde l'abbaye de Luxeuil; il est exilé à Besançon. — Agnoald, l'un des seigneurs de Burgondie, avait accueilli, vers 590, une colonie de moines irlandais, conduite par le vénérable Colomban : il en était résulté une abbaye, bâtie sur les ruines de Luxovium (Luxeuil), où six cents religieux menaient une vie laborieuse et austère. Colomban s'étant permis de reprocher au roi et à son aïeule les écarts de leur vie privée, Brunehaut obtint qu'on l'exilât à Besançon; de là il prit la route de l'Italie (609).

IV. Clotaire II est un nouveau Gontran. — Brunehaut, qui avait occasionné la mort de ses deux petits-fils en les armant l'un contre l'autre, périt attachée à la queue d'un cheval dont la course furieuse mit son corps en pièces. Clotaire II, seul héritier des possessions franques, fut un second Gontran par la modération et la piété : l'évêque de Besançon Prothade jouit alors d'un crédit sans limites. Ermenfroy, chancelier du monarque, fonda l'abbaye de Cusance (près de Baume-les-Dames) et s'en fit le premier religieux. La solitude de Desle, disciple de Colomban, devint l'importante abbaye de Lure (613-628).

V. L'évêque Donat et les monastères de Besançon. — Sous le roi Dagobert, successeur de Clotaire II, l'évêque Eloy, ancien orfévre devenu ministre, allait volontiers s'édifier dans le cloître de Luxeuil. Un élève de cette grande école, l'évêque Donat, fils du duc Waldelène, peupla Besançon de congrégations monastiques; c'est là l'origine de l'abbaye d'hommes dédiée à saint Paul et de deux couvents de femmes, Jusan-Moutier et Saint-Martin de Bregille, régis par la mère, la sœur et la cousine du prélat (628-638).

VI. Rivalité d'Ébroïn et de Léger : la terreur en Burgondie. — Avec les rois fainéants, la guerre civile devint permanente. L'aristocratie burgonde et celle d'Austrasie (la Lorraine actuelle) entrèrent en lutte; les deux pays furent ravagés : aux portes mêmes de Besançon, la pieuse Adalsinde, fille du duc Amalgaire, fut obligée de dissoudre son monastère de Bregille. Bientôt après éclata la rivalité d'Ébroïn, maire du palais, et de Léger, évêque d'Autun. Disgraciés l'un après l'autre, ils furent internés quelque temps ensemble au monastère de Luxeuil. La liberté leur ayant été rendue, ils se reprirent de querelle : Ébroïn fit aveugler son rival avant de l'envoyer à la mort. La terreur régna en Burgondie jusqu'à l'assassinat d'Ébroïn (638-681).

VII. Gouvernement du patrice Norbert; démoralisation du clergé. — L'Austrasien Pépin de Héristal, vainqueur à Testri du roi Thierry III, régenta tout le pays des Francs. Il préposa au gouvernement de la Burgondie le patrice Norbert, ami et parent de l'évêque Léger, celui qui, de concert avec Eusébie sa femme, avait fondé l'abbaye de Château-Chalon, dans la contrée vinicole du Jura. C'est l'époque où Claude II, sorti malgré lui du monastère de Condat dont il était abbé, essayait de ramener le clergé de Besançon dans les voies de l'austère droiture. N'ayant pu y parvenir, il quitta son siège épiscopal pour retourner dans la solitude. Sous ses indignes successeurs, le service divin cessa presque dans les églises de Besançon : l'évêque Félix fut expulsé de la ville par la population, et son successeur Tétrade périt à la chasse, blessé par un sanglier (687-691).

VIII. Les Sarrazins en Burgondie : Charles Martel les taille en pièces. — Charles Martel hérita de la valeur et de la situation de son père Pépin de Héristal : il eut à réprimer les complots de ses rivaux et à lutter contre deux invasions, l'une des Germains, l'autre des Sarrazins. Cette dernière fut terrible : la Burgondie en eut fort à souffrir, et Besançon subit encore un pillage. Il fallut huit ans à Charles Martel pour rassembler des forces capables de combattre un tel ennemi. Mais après sa grande victoire de Poitiers, il put balayer tout ce qui lui faisait obstacle. La Burgondie fut traitée en terre conquise, et les seigneurs austrasiens y occupèrent les hauts emplois (714-739).

IX. La Burgondie adjugée à Pépin le Bref. — Avant de mourir, Charles Martel partagea le royaume des Francs entre ses deux fils : la Burgondie tomba dans le lot de Pépin le Bref. Une nouvelle dynastie se substituait aux descendants efféminés de Clovis (741).

ITINÉRAIRE IV

LUXEUIL. — Station balnéaire très-fréquentée : sources salino-thermales et source ferrugineuse. — Dès l'époque romaine, les eaux de Luxeuil avaient des clients, et une bourgade s'était formée pour les abriter. Le sol a rendu des inscriptions votives indiquant qu'il existait là un culte local envers deux divinités accouplées : *Luxovium* et *Brixia*. Vingt-huit pierres tumulaires, de l'époque romaine, montrent des personnages en relief avec des attributs caractérisant leurs professions. — De la célèbre abbaye fondée par saint Colomban, à la fin du VIe siècle, sur les ruines de la bourgade romaine, il ne reste que des souvenirs : ainsi l'on montre la caverne où le bienheureux se retirait pour prier. L'église abbatiale et son cloître ne datent que du XIVe siècle. Beaucoup de maisons particulières remontent aux XVe et XVIe siècles. La maison de Perrin Joaffroy, père du fameux cardinal qui fut l'un des auxiliaires de Louis XI, renferme la bibliothèque publique : belle vue du haut de la tourelle. — La partie principale des bâtiments thermaux a été édifiée de 1761 à 1787. L'État, devenu propriétaire de l'établissement en 1853, a ajouté de nombreuses constructions aux précédentes, toutes celles entre autres où l'on prend les bains ferrugineux. — Excursions dans la région vosgienne, sous de beaux arbres, avec vues sur de riantes vallées.

CHAPITRE V

PÉRIODE CAROLINGIENNE

(741-879.)

Pépin le Bref et Charlemagne. — Prépondérance du clergé : table d'or léguée par Charlemagne à l'une des églises de Besançon. — L'abbaye de Luxeuil sous Louis le Débonnaire. — Notre province attribuée à l'empereur Lothaire. — Notre province dans le royaume de Lothaire II, dit de Lorraine. — Partage du pays entre Louis le Germanique et Charles le Chauve. — Lutte de Gérard de Roussillon contre Charles le Chauve. — Charles le Chauve à Besançon. — Origine des institutions féodales.

I. Pépin le Bref et Charlemagne. — Pépin le Bref, et surtout son fils Charlemagne, furent de vaillants guerriers, des politiques habiles, des administrateurs consommés. Le vaste territoire qu'ils gouvernèrent jouit des bienfaits de l'ordre public (752-814).

II. Prépondérance du clergé : table d'or léguée par Charlemagne à l'une des églises de Besançon. — Le clergé possédant une plus grande somme de traditions et de doctrines que les autres corps sociaux, ce fut sur lui que Pépin et Charlemagne s'appuyèrent dans leur œuvre de réorganisation. Les abbayes de Luxeuil et de Condat, ruinées par les Sarrazins, furent restaurées et purent rouvrir leurs écoles. Un parent de Charlemagne, l'archevêque Bernoin, occupa le siége de Besançon et reconstruisit les églises de cette ville : une table d'or fut attribuée à Besançon dans le partage des richesses mobilières du grand empereur ; ce joyau décora, jusqu'en 1612, le maître-autel de la cathédrale dédiée à saint Jean (814).

III. L'abbaye de Luxeuil sous Louis le Débonnaire. —

2.

Louis le Débonnaire fut également plein de sollicitude pour les grandes abbayes. Il exempta d'impôts celle de Luxeuil, pour l'aider à se relever d'un incendie. On vit alors se succéder à la tête de ce monastère deux personnages diversement illustres : Anségise, le codificateur des décrets impériaux appelés *capitulaires*; puis Drogon, évêque de Metz, fils naturel de Charlemagne. C'est entre les bras de ce dernier que s'éteignit Louis le Débonnaire (841).

IV. Notre province attribuée à l'empereur Lothaire. — Les trois fils de Louis le Débonnaire, mécontents de la part attribuée à chacun d'eux par leur père, en vinrent aux armes : Lothaire, héritier de la couronne impériale, fut battu par ses deux frères et dut consentir à un nouveau partage (traité de Verdun). Louis le Germanique devint propriétaire de tout ce que Charlemagne avait conquis au delà du Rhin; Charles conserva la France occidentale; l'empereur Lothaire obtint l'Italie, avec les provinces situées entre le Rhin, le Rhône, la Saône, la Meuse et l'Escaut. C'est là l'origine des prétentions de l'empire d'Allemagne à dominer sur des populations gauloises par la race et latines par le langage (841-843).

V. Notre province dans le royaume de Lothaire II, dit de Lorraine. — A la mort de l'empereur Lothaire, ses possessions furent l'objet d'un partage : Lothaire II, son second fils, donna son nom à un royaume dit de Lorraine (*Lotharii regnum*), dans lequel notre province était englobée. Sous ce règne, on vit la maîtresse du roi chasser de l'abbaye de Lure les religieux pour y tenir elle-même une cour scandaleuse (855-869).

VI. Partage du pays entre Louis le Germanique et Charles le Chauve. — Lothaire II étant mort, le roi de France, Charles le Chauve, mit la main sur le royaume de Lorraine, au préjudice de l'empereur Louis II, frère du défunt. Charles fut contraint toutefois d'en rétrocéder un morceau à son propre frère

Louis le Germanique : notre province tomba presque tout entière dans la part de ce dernier; il n'en fut distrait, au profit de Charles le Chauve, que le territoire de Besançon et l'abbaye de Saint-Claude (869-870).

VII. Lutte de Gérard de Roussillon contre Charles le Chauve. — L'empereur Louis II, qui avait été dépouillé, trouva un défenseur de ses droits dans le comte Gérard de Roussillon, le plus puissant seigneur de l'ancienne Burgondie. Deux armées se levèrent à son appel, l'une dans les montagnes séquanaises, l'autre dans la vallée du Rhône : il commandait la première, et la seconde était conduite par Berthe, son héroïque compagne. Battu par Charles le Chauve sur le plateau de Pontarlier, Gérard se réfugia dans le château de Grimont-sur-Poligny; on crut qu'il était resté parmi les morts, et un dicton populaire perpétua cette méprise :

> Entre le Doubs et le Drugeon
> Périt Gérard de Roussillon.

Charles le Chauve acheva ses victoires en s'emparant de Vienne, que défendait la comtesse Berthe. Gérard fut exclu de ses dignités, et celles-ci profitèrent à Boson, frère de la seconde femme du roi Charles (870).

VIII. Charles le Chauve à Besançon. — Besançon n'avait pas ouvert ses portes à Gérard : son archevêque Arduic en fut récompensé par d'importantes largesses, telles que la possession de l'abbaye de Bregille, le droit de battre monnaie, celui de lever un péage sur les marchandises entrant en ville, etc. Charles le Chauve vit encore Besançon à son retour d'Italie, où il était allé se faire couronner empereur. Sa femme Richilde, venue au-devant de lui par les hauts plateaux du Jura, l'avait rencontré à Vernier-fontaine (871-875).

IX. Origine des institutions féodales. — L'année même de sa mort, Charles le Chauve eut une de ces inspirations malheureuses qui sont le prélude de la chute des empires. Par le capitulaire de Quiercy-sur-Oise, il transforma les emplois en bénéfices héréditaires : les ducs et les comtes, jusque-là révocables quand le pouvoir central n'était pas satisfait de leurs services, devinrent propriétaires des territoires qu'ils régissaient. De souverain qu'il était, le monarque fut réduit au rôle de suzerain. Le morcellement féodal devait s'ensuivre. Ce fatal régime commença, pour notre province, dès la mort de Louis le Bègue, fils de Charles le Chauve, qui ne passa que deux années sur le trône (877-879).

ITINÉRAIRE V

DE BESANÇON A PONTARLIER. — Le voyage de Besançon à Pontarlier, par chemin de fer, permet d'apprécier la nature franc-comtoise sous ses aspects les plus variés. Le long du Doubs, que l'on traverse deux fois, on aperçoit les ruines des châteaux d'Arguel et de Montferrand, puis l'on passe entre les châteaux restaurés de Torpes et de Thoraise. On laisse à droite les magnifiques grottes d'Osselle, on côtoie la forêt de Chaux, et l'on arrive à la saline d'Arc, construite par l'architecte Ledoux dans le style des anciennes barrières de Paris. On franchit la Loue pour arriver à Mouchard, d'où l'on voit les ruines importantes du château de Vaugrenant. Le chemin de fer décrit ensuite de grandes courbes pour atteindre les plateaux. Cette montée procure une vue splendide sur les beaux vignobles du Jura : Aiglepierre, Marnoz, Montigny, les Arsures, Arbois. Après les vignes, voici les sapins qui s'annoncent par de fortes senteurs résineuses : belle forêt de la Joux. Vient ensuite la région des tourbières, dite la Chaux d'Arlier, parcourue par deux rivières qui se rejoignent, le Doubs et le Drugeon : là fut défait Gérard de Roussillon et se réfugia Charles le Téméraire après son échec de Moral. On atteint enfin Pontarlier, ville située à 870 mètres d'altitude, dont la circonscription paroissiale primitive, le *baroichage*, comprenant 19 villages, formait avec la ville une sorte de confédération.

CHAPITRE VI

PÉRIODE FÉODALE

(879-1038.)

Boson créé roi par les évêques de l'ancienne Burgondie. — Le roi Rodolphe de Stratlingen et Richard le Justicier, son premier vassal. — L'usurpateur Zuentibold et le roi Rodolphe II : époque d'anarchie. — Le comte Bernon fondateur de Baume-les-Moines et de Cluny. — Invasion des Hongrois; Conrad le Pacifique, roi de Bourgogne, et l'archicomte Hugues le Noir. — Les archicomtes Gislebert et Létalde. — Rodolphe III le Fainéant, roi de Bourgogne, et l'archicomte Othe-Guillaume. — Le royaume de Bourgogne incorporé à l'empire germanique.

I. Boson créé roi par les évêques de l'ancienne Burgondie. — Boson, beau-frère de Charles le Chauve, joignait au titre d'archiministre du palais le gouvernement à peu près absolu de la Provence et du pays de Vienne; mais il ambitionnait une couronne. Les évêques de l'ancienne Burgondie, réunis à Mantale après la mort de Louis le Bègue, la lui décernèrent. Ses États s'étendirent de la Saône à la Méditerranée et des Alpes au Rhône : il s'intitula roi de Provence (879).

II. Le roi Rodolphe de Stratlingen et Richard le Justicier, son premier vassal. — Les princes carolingiens se coalisèrent pour détrôner Boson, et ils eurent comme allié le propre frère de ce monarque, le duc Richard le Justicier, qui, durant la lutte, devint le véritable maître de la contrée qui nous occupe. Boson étant mort et Charles le Gros, son vainqueur, ayant été déposé pour sa lâche conduite en face d'une invasion des Normands, deux royaumes aux limites incertaines furent taillés dans l'ancien territoire des Burgondes. Rodolphe de Stratlingen, proclamé roi de la Bourgogne supérieure, donna la main de sa sœur à Richard le Justicier : l'archevêque de Besançon Thierry fut le chancelier de ce nouveau royaume (880-888).

III. L'usurpateur Zuentibold et le roi Rodolphe II. — Deux courants d'invasion vinrent saper cette monarchie improvisée : les Normands descendirent par la vallée de la Saône, tandis que le roi de Germanie Arnoul entrait par l'Alsace. La province souffrit cruellement. Zuentibold, fils naturel d'Arnoul, parvint à s'y établir; il y exerça, pendant quatre années, une brutale domination. Richard le Justicier aida Rodolphe à remonter sur son trône. Son fils Rodolphe II, qui lui succéda, parvint à reconstituer, au profit de sa famille, l'ancien royaume de Burgondie. Malgré les efforts du duc Richard, notre province était livrée à la plus odieuse anarchie, et cela, dit un contemporain, « parce qu'il n'y avait ni roi, ni juge » (889-937).

IV. Le comte Bernon fondateur de Baume-les-Moines et de Cluny — Pour détourner les yeux de ce spectacle, beaucoup d'hommes pieux se réfugient dans des solitudes. Le comte Bernon, riche seigneur de nos contrées, relève l'abbaye bénédictine de Baume-les-Moines, fonde le prieuré de Gigny et va ensuite créer Cluny, qui s'appellera bientôt le *monastère des monastères* (890-910).

V. Invasion des Hongrois; Conrad le Pacifique, roi de Bourgogne, et l'archicomte Hugues le Noir. — Ces pieux asiles de la paix subirent, avec le pays tout entier, le fléau d'une terrible invasion : les Hongrois, ces sauvages dont l'imagination populaire a fait les *Ogres*, ravagèrent la province, y compris même la ville de Besançon. Othon le Grand, roi de Germanie, les repoussa, mais ce fut pour avoir prétexte de mordre dans le royaume de Bourgogne : il mit la main sur l'Alsace et le pays de

Montbéliard, ainsi que sur les terres abbatiales de Luxeuil et de Lure. Le reste du royaume fut rendu au fils de Rodolphe II, Conrad le Pacifique. Notre province était possédée en propre par l'un des fils de Richard le Justicier, l'archicomte Hugues le Noir. Sous l'autorité plus ou moins reconnue de celui-ci, un certain comte Albéric de Narbonne se fit céder par l'abbaye d'Agaune la seigneurie de Salins, et obtint pour son fils Létalde, au détriment des archevêques, le principat de Besançon (926-941).

VI. Les archicomtes Gislebert et Létalde. — Tandis que les Hongrois revenaient à la charge par le nord, les Sarrazins nous arrivaient par le sud. Le roi Conrad sut les exciter les uns contre les autres, puis les envelopper lui-même et les tailler en pièces. Sur ces entrefaites mourut l'archicomte Hugues le Noir, léguant notre province à son beau-frère Gislebert, lequel fut également remplacé par son beau-frère, ce comte Létalde qui possédait le principat de Besançon (950-956).

VII. Rodolphe III le Fainéant, roi de Bourgogne, et l'archicomte Othe-Guillaume. — La lignée directe de Létalde ne dura guère. A son fils Albéric Ier succédèrent Létalde II, puis Albéric II. Celui-ci étant mort sans enfants, l'archicomté échut alors à Othe-Guillaume, arrière-petit-fils de Gislebert. A peu près en même temps, le trône de Bourgogne passait de Conrad le Pacifique à son fils Rodolphe III le Fainéant. Sous ce monarque dont le surnom dit assez la mollesse, Othe-Guillaume fut le vrai régent du royaume : il disputa le duché de Bourgogne au roi de France Robert, et les deux provinces pâtirent durement de cette lutte de douze années. Othe-Guillaume n'en tira que la jouissance viagère du comté de Dijon. Il mourut dans cette ville, après avoir subordonné, en tyran qu'il était, tous les seigneurs laïques et ecclésiastiques de notre province (956-1027).

VIII. Le royaume de Bourgogne incorporé à l'empire germanique. — Le roi Rodolphe, outragé constamment par ses vassaux, réclama l'appui des empereurs d'Allemagne : ce qui lui fut accordé, mais à la condition que son héritage reviendrait à ses patrons. Au moment de mourir, Rodolphe envoya ses ornements royaux à l'empereur Conrad, qui vint se faire couronner à l'abbaye de Payerne. Une partie de l'aristocratie bourguignonne épousa les prétentions d'Eudes de Champagne, neveu du roi défunt ; mais la force prima le droit, et, dans une diète solennelle tenue à Soleure, Conrad transmit sa nouvelle couronne à son fils, le futur empereur Henri III. La domination germanique, imposée aux terres bourguignonnes, fut toutefois des plus indirectes, le royaume étant décomposé en une multitude de petites souverainetés qui ne se rattachèrent à l'empire que par la formalité de l'hommage féodal (1027-1038).

ITINÉRAIRE VI

ARBOIS, POLIGNY, LONS-LE-SAUNIER. — Beau et plantureux pays, couronné par des forêts, drapé dans des vignes luxuriantes qui se raccordent avec les grasses cultures de la région bressane. — *Arbois*, la meilleure cave des anciens souverains de la province, a conservé quelques tours de ses anciennes fortifications : on lit, dans l'église de Saint-Just (ancien prieuré), l'épitaphe du capitaine Morel, défenseur de la ville en 1595. Excursions aux sources de la Cuisance, au château de la Châtelaine (résidence de la comtesse Mahaut d'Artois), à la forêt des Moidons où abondent les tombelles celtiques. — *Poligny*, dominée par le roc de Grimont où était le château qui renfermait les archives de la Franche-Comté, est devenue, grâce à sa société savante, un centre d'études pour la viticulture et l'histoire locale. Voir la vieille église de Moutier-Vieillard et la statue du général Travot, par Maindron. Ne pas oublier le village de Saint-Lothain, ses ruines romaines et sa belle crypte romane. — *Lons-le-Saunier* montrera aussi sa crypte romane de Saint-Désiré et sa statue de Lecourbe, par Etex. On devra visiter aux environs : le château d'Arlay, chef-lieu d'un groupe important des domaines de la maison de Chalon ; le château de Pin, aux pittoresques tourelles ; Château-Chalon, ancien *oppidum* celtique, siège d'une abbaye célèbre de filles nobles, cru renommé d'un vin sec analogue au Tokay ; Baume-les-Moines, sa vallée étroite et profonde, ses grottes curieuses, son église (monument historique) renfermant d'intéressants tombeaux et un merveilleux retable d'autel de la fin du XVᵉ siècle.

CHAPITRE VII

PÉRIODE SACERDOTALE

(1038-1148.)

Lutte de l'archevêque Hugues de Salins et du comte Rainaud Iᵉʳ pour le principat de Besançon; émancipation du pays de Montbéliard. — Victoire de l'archevêque. — Le comte Guillaume le Grand; les défrichements des moines. — Les enfants de Guillaume le Grand: le comte Rainaud II et le pape Calixte II. — Rainaud III refuse de faire hommage à l'empereur. — Les abbayes cisterciennes de la province. — Béatrix, fille de Rainaud III, séquestrée par son oncle.

1. Lutte de l'archevêque Hugues de Salins et du comte Rainaud Iᵉʳ pour le principat de Besançon; émancipation du pays de Montbéliard. — La première moitié du XIᵉ siècle est une des époques les plus lamentables de notre histoire provinciale : tous les fléaux semblent coalisés, et les imaginations deviennent affolées par la croyance à une fin prochaine du monde. C'est au milieu de ces calamités que le comte Rainaud Iᵉʳ remplaça Othe-Guillaume, et que Hugues de Salins monta sur le trône archiépiscopal de Besançon. Depuis le comte Létalde, le pouvoir temporel des archevêques de Besançon avait été confisqué par les souverains de la province. Pour se le faire restituer, l'archevêque Hugues n'eut qu'à se déclarer partisan de l'empereur dont Rainaud Iᵉʳ était l'adversaire. Le comte fut battu, puis contraint de renoncer au principat de Besançon. Il dut, en outre, céder du terrain au seigneur de Montbéliard qui avait contribué à sa défaite. C'est là l'origine de la renaissance du pouvoir temporel des arche-

C.   3

vêques et de la constitution du pays de Montbéliard en État indé-
pendant de la province comtoise (1038-1045).

II. Victoire de l'archevêque. — Durant cette lutte, l'empereur Henri III était venu à Besançon pour y célébrer son mariage
avec Agnès de Poitiers, petite-fille d'Othe-Guillaume. L'archevêque
Hugues, qui avait béni cette union, était devenu l'archichapelain
et l'archichancelier du césar germanique. Bientôt après, le cardinal Brunon d'Alsace, ami intime de ce prélat, était élu pape sous
le nom de Léon IX : dès lors les diplômes impériaux et les bulles
pontificales furent à sa disposition pour faire rentrer son Église
dans les propriétés et prérogatives qu'elle avait perdues. « Il
fonda dans la ville, dit un contemporain, une autorité si forte que
nulle autorité laïque ne put prétendre à y dominer. » Les souverains de la province ne jouirent plus que d'un seul privilége à
Besançon, celui d'être inhumés après leur mort dans le parvis de
la cathédrale de Saint-Étienne. Rainaud Iᵉʳ prit place dans cette
nécropole en 1057.

**III. Le comte Guillaume le Grand; les défrichements des
moines.** — Guillaume le Grand, fils et successeur de Rainaud Iᵉʳ,
accrut considérablement ses domaines par son mariage avec
Étiennette, héritière du comté de Vienne, et par l'abandon du
comté de Mâcon que lui fit Guy, son cousin, en se retirant dans
un monastère. C'était aussi le temps où Simon, comte de Crépy
en Valois, embrassait la vie religieuse à l'abbaye de Condat (Saint-
Claude), puis, ne se trouvant pas suffisamment éloigné du monde,
s'enfonçait dans les plus affreuses solitudes, la hache du défri-
cheur sur l'épaule, pour fonder le prieuré de Mouthe. Ainsi avait
pris déjà naissance le prieuré de Morteau. Les terres défrichées
par les moines furent concédées à des paysans qui devinrent les
sujets mainmortables des monastères (1057-1087).

IV. Les enfants de Guillaume le Grand : le comte Rainaud II et le pape Calixte II. — La succession de Guillaume le Grand, composée de la Franche-Comté, du Mâconnais et du comté de Vienne, plus de diverses terres transjuranes, fut partagée entre ses nombreux enfants. Rainaud II, l'aîné, eut la dignité de comte supérieur, et son frère Étienne lui servit de lieutenant : ils moururent tous deux, ainsi que l'archevêque de Besançon, Hugues III, leur frère, dans les incidents de la première croisade. Un autre des enfants de Guillaume le Grand, nommé Guy, devint pape sous le nom de Calixte II (1087-1119).

V. Rainaud III refuse de faire hommage à l'empereur. — Rainaud II eut pour héritier Guillaume II, surnommé l'Allemand à cause de la nationalité de sa mère ; ce prince périt assassiné. Il en arriva autant à son fils Guillaume III, dit l'Enfant. Rainaud III, fils d'Étienne, put alors reconstituer à son profit la puissance qu'avait eue son aïeul Guillaume le Grand : ses États s'étendirent du coude du Rhin à l'Isère. Ayant osé refuser l'hommage que lui demandait, comme roi de Bourgogne, l'empereur Lothaire, il perdit par cette révolte ses possessions d'au delà du Jura. Durant la lutte, les terres de l'Église de Besançon eurent fort à souffrir, car l'archevêque Humbert tenait le parti de l'empereur contre le souverain direct de la province (1097-1148).

VI. Les abbayes cisterciennes de la province. — Guillaume, frère de Rainaud III, fut l'un des héros de la deuxième croisade : il y suivit l'étendard du roi de France, et non celui de l'empereur ; son fils Étienne alla ensuite l'y remplacer. Rainaud III, resté dans ses États pour tenir tête aux agents impériaux, fit sa part de pieux devoirs en favorisant la propagation des monastères de l'ordre de Cîteaux. Dix abbayes de cette règle furent créées alors dans la province de Franche-Comté : Bellevaux, Balerne, Acey, Theuley,

Rozières, Bithaine, Clairefontaine, la Charité, la Grâce-Dieu et Buillon (1126-1139).

VII. Béatrix, fille de Rainaud III, séquestrée par son oncle. — Rainaud III ne laissait en mourant qu'une fille en bas âge, nommée Béatrix, qui, d'après la coutume féodale, devait hériter des États de son père. Guillaume, frère du comte défunt, s'empara de la jeune fille et l'enferma dans une tour, avec la résolution de l'y faire mourir (1148).

ITINÉRAIRE VII

BAUME-LES-DAMES ET LA GRACE-DIEU. — Le chemin de fer qui conduit de Besançon à Baume-les-Dames remonte le cours du Doubs, dans une vallée très-pittoresque et riche en souvenirs des vieux âges : ruines du château de Montfaucon, chef-lieu d'une seigneurie qui s'étendait jusque dans la Suisse romande; château du Grand-Vaire, quartier général du prince de Lichtenstein en 1814; château ruiné de Vaite, en face des mines de fer de Laissey; chapelle d'Aigremont, au sommet d'une montagne conique; château de Roulans, lieu de naissance de l'amiral Jean de Vienne. — Baume-les-Dames, dans une prairie dominée par un hémicycle de belles roches, a retenu les traditions culinaires de l'abbaye de filles nobles qui y existait depuis le VIᵉ siècle : fabrication renommée de pâtes de coing et de craquelins. Voir l'église inachevée de l'abbaye, qui sert de halle au blé, construite avec un grand luxe, sur les plans de l'architecte Nicole, dans la seconde moitié du siècle dernier. — Excursions : 1° dans la jolie vallée du Cuisancin, où se trouve l'établissement thermal de Guillon (source sulfureuse); 2° à la glacière naturelle de la Grâce-Dieu, curiosité de premier ordre, située dans un vallon sauvage qui renferme une ancienne abbaye cistercienne, restaurée avec succès par les Trappistes.

CHAPITRE VIII

PÉRIODE ALLEMANDE
(1148-1218.)

Béatrix délivrée et épousée par l'empereur Frédéric Barberousse. — Le château de Dole devenu résidence impériale. — Un schisme naît à Besançon. — Abolition du droit de mainmorte à Besançon. — Mort héroïque de l'archevêque Thierry de Montfaucon. — Rivalité du comte Othon Ier et d'Etienne d'Auxonne. — Captivité de l'archevêque Amédée au château de Montbéliard. — Les barons comtois à la cinquième croisade : les La Roche à Athènes et à Thèbes. — Othon II de Méranie : ses démêlés avec les seigneurs comtois et l'archevêque de Besançon. — Première et éphémère existence de la commune de Besançon. — Mariage d'une fille d'Othon II avec le petit-fils d'Etienne d'Auxonne. — Puissance de Jean de Chalon l'Antique et misère du comte Othon III; l'inquisition en Franche-Comté.

I. Béatrix délivrée et épousée par Frédéric Barberousse. — Béatrix était depuis près de quatre années sous les verroux de son oncle Guillaume, quand le sceptre de l'empire échut à un prince jeune, ardent et plein de l'esprit de conquête : c'était Frédéric Barberousse, de la maison de Souabe. Comme suzerain de la province, il se crut le droit et le devoir de délivrer Béatrix. Il lui fallut une campagne d'un an pour contraindre Guillaume à mettre sa nièce en liberté. Frédéric, séduit par le brillant héritage et les charmes de la jeune Béatrix, répudia sa femme pour l'épouser (1148-1156).

II. Le château de Dole devenu résidence impériale. — Parmi les résidences de Rainaud III son beau-père, Frédéric donna la préférence au château de Dole, qu'il embellit : il y vint plus d'une fois se reposer des fatigues du pouvoir. Les comtes ses successeurs conservèrent également cette habitude, et ce fut ainsi qu'à défaut de Besançon, qui appartenait aux archevêques, la ville de Dole devint le siége du gouvernement de la province.

III. Un schisme naît à Besançon. — Aussitôt après son mariage, Frédéric était venu prendre officiellement possession des domaines de l'ancien royaume de Bourgogne : Besançon avait été choisi comme théâtre de cette imposante cérémonie. Tandis que l'empereur y recevait l'hommage de ses vassaux, deux légats du pape Adrien se présentèrent à lui : l'un d'eux, le cardinal Roland, eut l'imprudence de dire que la dignité impériale était un fief relevant de la papauté; il faillit payer de sa vie cette parole audacieuse. Deux ans après, ce même cardinal Roland était élu pape sous le nom d'Alexandre III. Frédéric refusa de le reconnaître et fit créer, par une assemblée d'évêques, un antipape nommé Victor. Il s'ensuivit un schisme qui dura seize ans et produisit de grands troubles dans la chrétienté (1157-1159).

IV. Abolition du droit de mainmorte à Besançon. — Le clergé comtois, dévoué en masse au pape légitime, subit de dures persécutions : la plupart des abbayes cisterciennes de la province furent pillées par les seigneurs de leur voisinage. Le siége archiépiscopal de Besançon fut adjugé par Frédéric à un Allemand, nommé Herbert, qui voulut se faire un monopole du commerce de l'argent dans la ville. Le peuple de Besançon se souleva et mit le feu aux maisons de l'archevêque. Sous le successeur d'Herbert, une insurrection, plus violente encore, eut pour prétexte le droit de mainmorte que le prélat exerçait sur une partie de la ville. Frédéric Barberousse interposa sa médiation, et l'archevêque renonça, moyennant une rente annuelle de vingt-cinq livres, à être l'héritier de ceux de ses hommes qui décédaient sans postérité (1162-1180).

V. Mort héroïque de l'archevêque Thierry de Montfaucon. — Frédéric Barberousse mourut à la croisade, où beaucoup d'ecclésiastiques et de seigneurs comtois l'avaient accompagné. L'archevêque de Besançon Thierry de Montfaucon était dans cet entourage; il périt devant Ptolémaïs, en battant les murailles de cette ville avec une machine de guerre de son invention (1189-1191).

VI. Rivalité du comte Othon Ier et d'Étienne d'Auxonne. — L'impératrice Béatrix était morte en 1185, et son héritage de Franche-Comté avait été dévolu, dès cette époque, à l'avant-dernier de ses fils, le comte palatin Othon Ier. La branche cadette, évincée par Barberousse, subsistait encore : elle ne demandait que l'occasion de soulever l'aristocratie de la province contre la domination allemande. Tel fut le rôle d'Étienne, comte d'Auxonne, petit-fils de ce Guillaume qui avait tenu captive Béatrix : il eut pour allié principal Amédée de Montfaucon, devenu, par un mariage, souverain du comté de Montbéliard. Sur la frontière de cet État, Othon Ier créa le bourg fortifié de Clerval : Amédée, qui voulut s'y opposer, mourut de la main du comte palatin (1185-1196).

VII. Captivité de l'archevêque Amédée au château de Montbéliard. — La querelle de deux prétendants au trône impérial fournit à Étienne d'Auxonne le prétexte d'une alliance avec le duc de Bourgogne et le comte de Montbéliard : tous trois ravagèrent les domaines de l'abbaye de Luxeuil et des églises de Besançon. L'archevêque Amédée de Tramelay fut emmené prisonnier au château de Montbéliard : il fut délivré par l'entrée victorieuse de l'empereur Philippe, l'un des frères du comte palatin Othon Ier. Celui-ci mourut bientôt après, laissant deux filles fort jeunes. L'aînée, Jeanne, lui succéda, mais ce fut pour léguer promptement l'héritage paternel à sa sœur Béatrix (1197-1205).

VIII. Les barons comtois à la cinquième croisade : les La Roche à Athènes et à Thèbes. — C'était le temps où la prédication d'une cinquième croisade entraînait vers l'Orient la fleur de la noblesse comtoise. Cette expédition n'eut d'autres résultats que la conquête de l'empire de Constantinople par les croisés et le partage de cet État entre les vainqueurs. Athènes et Thèbes échurent à Othon de la Roche-sur-l'Ognon, tandis que son neveu, Othon de Cicon mettait la main sur la principauté de Carithène. Gauthier de Montfaucon épousa la fille du roi de Chypre et devint régent de l'île après la mort de son beau-père. Guillaume de Champlitte s'empara de la principauté d'Achaïe. La maison de la Roche sut se maintenir à Athènes et à Thèbes pendant plus d'un siècle : sous sa protection, une colonie de moines de notre abbaye de Bellevaux s'établit en Grèce (1204).

IX. Othon II de Méranie : ses démêlés avec les seigneurs comtois et l'archevêque de Besançon. — Quand il fut question de trouver à la jeune Béatrix un époux capable de prendre le gouvernement de la province, Étienne d'Auxonne proposa Jean, son fils ; mais les tuteurs de la princesse préférèrent la donner à un riche seigneur allemand, Othon, duc de Méranie. Étienne, à la tête des principaux seigneurs comtois, vint fermer le chemin de la province à cet étranger. Othon II, battu, fut contraint de céder à Étienne d'importants domaines. Plus heureux contre l'archevêque de Besançon Gérard de Rougemont, Othon parvint, malgré l'interdit jeté par le prélat sur la province, à conserver le château de Châtillon-lez-Besançon, que son beau-père Othon Ier avait implanté sur un terrain prétendu ecclésiastique (1211-1220).

X. Première et éphémère existence de la commune de Besançon. — La guerre de Méranie eut un contre-coup terrible dans la ville de Besançon. Le populaire s'organisa en commune et expulsa l'archevêque. Le pape et l'empereur firent à la ville les plus terribles menaces : il y eut même une sentence impériale qui défendait tout commerce avec les Bisontins excommuniés.

L'archevêque Gérard étant mort en exil, les citoyens essayèrent de s'entendre avec Jean Halgrin son successeur; mais ce prélat n'usa pas envers eux de miséricorde : il obligea cent des principaux habitants à venir, en chemise et pieds nus, recevoir de sa main, dans l'église cathédrale, une humiliante fustigation (1220-1225).

XI. Mariage d'une fille d'Othon II avec le petit-fils d'Étienne d'Auxonne. — Pour se maintenir contre les menées d'Étienne et les préventions de l'aristocratie comtoise, Othon II fut obligé de recourir à l'alliance du comte de Champagne. Il finit par trouver un vrai remède en fiançant Alix, l'une de ses filles, à Hugues, petit-fils d'Étienne et fils de Jean, qui, du chef de sa mère, possédait le comté de Chalon (1225-1231).

XII. Puissance de Jean de Chalon l'Antique et misère du comte Othon III, l'inquisition en Franche-Comté. — Othon III fut encore moins heureux que son père Othon II. La Franche-Comté était toujours occupée par les Champenois, et la guerre civile y était en permanence. La branche cadette des anciens comtes tendait sans cesse à devenir prépondérante. Son représentant, Jean de Chalon, dit l'Antique ou le Sage, aliéna ses comtés de Chalon et d'Auxonne pour acquérir la baronnie de Salins et d'autres grandes seigneuries comtoises; il sut mettre le clergé dans ses intérêts en sollicitant l'établissement de l'inquisition en Franche-Comté. Quant au pauvre Othon III, absorbé par les querelles politiques qui agitaient l'Allemagne, il fut à la fois empoisonné et poignardé. Il avait fait un testament par lequel il léguait la Franche-Comté à sa sœur Alix, motivant cette préférence sur ce que ses autres sœurs ignoraient la langue que l'on parlait dans ce pays. Alix étant la bru de Jean de Chalon, il sembla que son avénement devait éteindre une rivalité de famille si longtemps contraire au repos du pays (1231-1248).

3.

ITINÉRAIRE VIII

DOLE. — De Besançon à Dole, quatre voies, à peu près parallèles, s'offrent au choix du voyageur : la route romaine de Vesontio à Cabillonum, la route moderne dite de Paris, le chemin de fer qui se raccorde à Dijon avec la grande ligne de Paris à la Méditerranée, enfin le canal du Rhône au Rhin. Ces quatre artères de circulation suivent la vallée du Doubs dans une partie où elle est largement ouverte. — En face de la station de Ranchot, on aperçoit, sur la lisière de la grande forêt de Chaux, les importantes usines de Fraisans, contiguës aux hauts fourneaux de Rans, ensemble qui constitue le principal centre de production de la Compagnie des forges de Franche-Comté. Un peu plus loin qu'Orchamps, sur le territoire d'Audelange, est la station romaine de Crusinia. Sur la droite, une longue colline, appelée la Serre, est un îlot de terrain granitique en pleine terre jurassique. De l'autre côté, se dresse au bord du Doubs l'emplacement du manoir de Rochefort, domaine de la maison de Chalon et patrie de deux chanceliers de France. Tout près de Dole est le Mont-Roland, ancien lieu de pèlerinage où les Jésuites ont fait construire une belle église d'après les plans de M. l'architecte Durat. — Dole, seconde ville de la Franche-Comté comme population, se sent encore de son ancienne situation de capitale de la province : on y voit nombre de beaux hôtels; plusieurs d'entre eux, ainsi que l'hôpital et le porche de la chapelle du collège, ont été bâtis sur les dessins du président Boyvin. L'église, qui date du commencement du XVIe siècle, possède une sainte chapelle élevée en mémoire de la préservation miraculeuse des hosties de Faverney (1608). La bibliothèque de Dole, riche de près de 10 000 volumes, mérite d'être visitée.

CHAPITRE IX

PÉRIODE COMMUNALE

(1218-1330.)

Jean de Chalon l'Antique affranchit plusieurs localités franc-comtoises. — Triple médiation du roi de France saint Louis en Franche-Comté; la commune de Besançon définitivement constituée. — Mort du comte Hugues, suivie de celle de son père Jean de Chalon l'Antique. — Philippe de Savoie, second mari de la comtesse Alix. — Le comte Othon IV; sa brouille avec l'empereur Rodolphe de Habsbourg. — Armements réciproques de l'empereur et du comte Othon IV. — Rodolphe de Habsbourg devant Besançon; paix entre l'empereur et le comte. — Blocus de Besançon par Jean de Chalon-Arlay; reconnaissance légale de la commune de cette ville; le château de Rosemont sur le mont

Rognon. — Othon IV livre la province à Philippe le Bel, roi de France. — Insurrection de l'aristocratie comtoise contre Philippe le Bel. — Grande position de Jean de Chalon-Arlay; les affranchissements et les hôpitaux se multiplient. — Les institutions françaises introduites en Franche-Comté. — Les enfants du comte Othon IV. — Jean de Chalon-Arlay subordonne la commune de Besançon. — Supplice de Jacques de Molay. — La comtesse Jeanne et son mari Philippe de France. — Avénement du comte Philippe au trône de France et mort de son fils qui était né à Gray. — Bienfaisance de Jeanne et de Mahaut d'Artois, sa mère; leur mort. — Fondation à Paris d'un collége pour les étudiants pauvres de la Franche-Comté. — Les quatre filles de la comtesse-reine Jeanne.

I. Jean de Chalon l'Antique affranchit plusieurs localités franc-comtoises. — Sous le nom de son fils et de sa bru, Jean de Chalon l'Antique, alors âgé de près de soixante ans, fut le véritable souverain de la Franche-Comté. Voulant subordonner l'aristocratie de la province, il n'hésita pas à s'appuyer sur l'élément populaire. Salins, Ornans et Rochefort obtinrent de lui des chartes d'affranchissement. Dominer sur Besançon était son rêve : aussi s'empressa-t-il d'acheter d'un empereur besoigneux les droits de suzerain et de monétaire en cette ville. L'archevêque Guillaume de la Tour ayant fait révoquer ces concessions, la guerre fut imminente entre Jean de Chalon et le prélat (1248-1251).

II. Triple médiation du roi de France saint Louis en Franche-Comté; la commune de Besançon définitivement constituée. — Pendant que Jean de Chalon l'Antique vidait avec le comte palatin son fils une querelle dans laquelle le roi de France saint Louis intervint comme médiateur, l'archevêque cherchait des alliances et faisait élever des maisons fortes en différents points de ses domaines : à Mandeure, à Gy et sur la colline de Bauregard. Cette dernière construction fut regardée comme une menace par les citoyens de Besançon : ils en prirent prétexte pour reconstituer leur commune. Attaqué au dedans et au dehors, l'archevêque ne put soutenir la lutte : son château de Gy venait d'être emporté d'assaut, et Jean de Chalon avait couronné d'un château fort la montagne de Pouilley, située non loin de Besançon et appartenant au chapitre métropolitain. Sur les instances réitérées du pape, saint Louis consentit à intervenir encore : il paraît s'être rendu secrètement à Besançon et avoir donné mandat à l'abbé de Cîteaux, alors dans la ville, d'adresser de sa part des remontrances à Jean de Chalon. Ce prince ne pouvait que se montrer docile, car le roi de France venait de le délivrer d'une guerre avec le comte de Champagne. Jean de Chalon mit donc bas les armes et promit de raser la forteresse de Pouilley. La commune de Besançon eut tous les bénéfices de l'aventure : elle s'était si solidement constituée durant les troubles, que force fut désormais aux archevêques de la tolérer (1254-59).

III. Mort du comte Hugues, suivie de celle de Jean de Chalon l'Antique, son père. — Jean de Chalon l'Antique vit s'éteindre son fils aîné, le comte Hugues, puis remarier sa bru avec le comte Philippe de Savoie. Quand il mourut lui-même, sa succession fut partagée entre les nombreux enfants de ses trois mariages. L'histoire a retenu les noms de deux des fils qui lui survécurent : Jean de Chalon-Rochefort, devenu par alliance comte d'Auxerre, et Jean de Chalon-Arlay, l'un et l'autre destinés au rôle d'antagonistes de la branche régnante de leur famille (1266-67).

IV. Philippe de Savoie, second mari de la comtesse Alix. — Le second mari d'Alix, Philippe de Savoie, eut à défendre le patrimoine de sa femme contre les attaques du duc de Bourgogne, qui se disait le cessionnaire des prétendus droits d'une sœur aînée de la princesse. Après dix-huit mois d'hostilités, il fallut composer avec l'ennemi, lui payer une lourde indemnité et le reconnaître comme suzerain du château de Dole. En mourant, Alix léguait une situation pleine de périls à son fils et héritier le comte Othon IV (1270-79).

V. Le comte Othon IV; sa brouille avec l'empereur Rodolphe de Habsbourg. — En 1273, les appétits de l'Allemagne s'étaient incarnés dans un prince aussi habile guerrier que bon administrateur : il se nommait Rodolphe de Habsbourg et avait en haine particulière le comte de Savoie. Othon IV, beau-fils de ce prince, fut bientôt l'ennemi de Rodolphe ; il le devint plus encore quand le césar germanique eut aidé l'évêque de Bâle à vaincre Renaud de Bourgogne, autre fils de la comtesse Alix, qui avait épousé l'héritière du comté de Montbéliard. La France mit un soin particulier à entretenir cette haine, car elle jetait déjà des regards de légitime convoitise sur une province qui parlait sa langue et rentrait dans ses frontières naturelles. Voulant à tout prix empêcher la France de saisir cette proie, Rodolphe sut associer à ses intérêts le jeune oncle d'Othon IV, Jean de Chalon-Arlay, qu'il fit suzerain du comté de Neuchâtel en Helvétie (1282-88).

VI. Armements réciproques de l'empereur et du comte Othon IV. — Le comte de Montbéliard ayant battu l'évêque de Bâle, celui-ci demanda secours à l'empereur et fut entendu. Rodolphe leva une armée d'au moins 20 000 hommes. Le comte Othon IV prit aussitôt fait et cause pour son frère de Montbéliard : il s'allia contre l'empereur avec le comte de Ferrette, la commune de Besançon et ceux des seigneurs comtois qui étaient hostiles à la maison de Habsbourg. Rodolphe débusqua aisément les comtes de Montbéliard et de Ferrette : il eut ainsi le chemin libre jusqu'à Besançon, et il en profita pour venir frapper un coup sur cette ville, qui était le quartier général des intrigues de la France (1289).

VII. Rodolphe de Habsbourg devant Besançon; paix entre

l'empereur et le comte. — Rodolphe vit bientôt qu'il tenterait vainement d'enlever de vive force une place de cette importance, et il n'avait pas avec lui son matériel de siége. Il essaya de faire composer les habitants en arrachant leurs vignes. En même temps, l'armée franc-comtoise venait s'embosser dans les Prés-de-Vaux, à mille mètres en amont des quartiers de Rodolphe. L'empereur abandonna la vallée et fit monter ses troupes au sommet de Bregille : il y eut de là une descente nocturne qui mit la panique dans le camp du comte de Ferrette. Mais l'armée de Rodolphe mourait de faim, et les confédérés ne recevaient pas les secours qu'ils attendaient du roi de France : des deux côtés, il y avait égale volonté d'en finir. Il fut convenu que les comtes de Montbéliard et de Ferrette délivreraient sans rançon les prisonniers faits à l'évêque de Bâle, et que le comte Othon IV reconnaîtrait solennellement l'empereur pour son suzerain ; moyennant quoi Rodolphe décampa (1289).

VIII Blocus de Besançon par Jean de Chalon-Arlay ; reconnaissance légale de la commune de cette ville ; le château de Rosemont sur le mont Rognon. — La place de Besançon restait intacte dans sa ceinture de murailles. Rodolphe, qui tenait à en avoir raison, chargea Jean de Chalon-Arlay du soin de réduire les habitants par la famine. A la suite d'un blocus qui dura tout l'hiver, les citoyens ouvrirent leurs portes, mais à la condition que la commune recevrait une consécration légale de son existence. Sur la production d'une charte fausse, composée avec tout l'art dont le conseil communal était capable, Rodolphe reconnut à la ville des franchises qu'elle n'avait jamais possédées. Besançon devenait une république indépendante sous le protectorat de l'Empire. L'archevêque Eudes de Rougemont s'alarma de cette situation. Il fit bâtir un château fort au sommet d'une montagne conique voisine de la cité. Les citoyens, aidés de quelques seigneurs comtois, détruisirent cette forteresse. La montagne ainsi prise d'assaut portait le nom celtique de *Rognon* ; son sommet s'appela depuis *Rougemont* ou *Rosemont*, du nom de l'archevêque qui en avait été dépossédé (1289-91).

IX. Othon IV livre la province à Philippe le Bel, roi de France. — Othon IV, perdu de dettes, tantôt souscrivait aux conditions que lui dictait son principal créancier, le roi de France, tantôt allait apaiser le courroux de l'empereur en lui réitérant à genoux son hommage. Par un traité passé à Evrennes, il s'était engagé à marier sa fille aînée, Jeanne, à l'un des fils de France : la baronnie de Salins devait être la dot de la jeune princesse. Mais un second traité, conclu à Vincennes, stipulait l'abandon immédiat de la Franche-Comté au roi de France, père et administrateur des biens du fiancé de Jeanne. Philippe le Bel fit aussitôt occuper militairement la province, et les tribunaux des terres domaniales reçurent des sceaux fleurdelisés pour authentiquer leurs actes (1291-93).

X. Insurrection de l'aristocratie comtoise contre Philippe le Bel. — Seule dans la province, la ville de Besançon fit bon accueil aux agents français. La noblesse de la Franche-Comté et du pays de Montbéliard, stimulée par le baron d'Arlay, entra dans la ligue formée contre Philippe le Bel par l'empereur, le roi d'Angleterre et le comte de Flandre. Il ne fallut pas moins de cinq années pour venir à bout de l'insurrection comtoise. Philippe le Bel y réussit moins par les armes que par son astucieuse diplomatie. Jean de Chalon-Arlay lui-même compta bientôt parmi les familiers de la cour de France (1295-1301).

XI. Grande position de Jean de Chalon-Arlay ; les affranchissements et les hôpitaux se multiplient. — Jean de Chalon-Arlay eut dans la province une position prépondérante : il dominaît sur la plus grande partie du département du Jura actuel, possédait la qualité de suzerain à Neuchâtel en Helvétie, était l'associé des grandes abbayes pour la possession des principales chaînes de nos montagnes, avait à Besançon les tribunaux de vicomté et de mairie. Désireux, comme son père, de se rendre propice l'élément populaire, il donna des chartes de franchises à la plupart des chefs-lieux de ses seigneuries, Arlay, Nozeroy, Bletterans, etc. Le comte Othon IV venait d'accorder le même avantage aux villes d'Arbois, de Poligny et de Quingey. Il avait été fait de même pour Montbéliard, Lons-le-Saunier et Luxeuil. Toutes ces localités, investies du droit de posséder des ressources collectives, appelèrent dans leurs murs des compagnies de juifs qui y répandirent le goût du commerce. En même temps se développaient les établissements charitables : l'hôpital du Saint-Esprit de Besançon créa, tant en Franche-Comté qu'en Lorraine, dix-huit asiles relevant de son autorité (1276-1301).

XII. Les institutions françaises introduites en Franche-Comté. — Sous le rapport des institutions publiques, la Franche-Comté bénéficia de l'influence française. Othon IV dota la province d'un parlement, ou cour suprême de justice, et d'une université de hautes études : le parlement, fut longtemps avant d'avoir un poste fixe, et l'université, établie à Gray, n'exista guère qu'à l'état de germe. A son tour, Philippe le Bel créa une chambre des comptes à Dole et divisa la Franche-Comté en deux bailliages, celui d'Amont et celui d'Aval (1287-1303).

XIII. Les enfants du comte Othon IV. — Othon IV mourut près de Cassel, blessé dans les rangs de l'armée française. Il laissait deux filles, Jeanne et Blanche, plus un jeune fils nommé Robert, déshérité avant sa naissance et mort enfant. Jeanne, héritière de la Franche-Comté, épousa le second des fils de Philippe le Bel,

Philippe, comte de Poitiers; Blanche fut mariée au troisième des fils de France, Charles, qui la répudia depuis pour ses débordements (1303-1307).

XIV. Jean de Chalon-Arlay subordonne la commune de Besançon. — Jean de Chalon-Arlay, créé gouverneur de la province, voulait, de concert avec l'archevêque Hugues son frère, régir souverainement la ville de Besançon. La commune s'insurgea en mettant à sac les tribunaux du baron et de l'archevêque. Jean de Chalon appela l'aristocratie à son aide, et Besançon subit un nouveau blocus. Les assiégés essayèrent de se dégager par une sortie, mais la fortune leur fut contraire, et mille des leurs restèrent sur le champ de bataille. Les conditions de la paix furent pour la ville aussi humiliantes qu'onéreuses : le conseil communal dut payer une forte amende et s'engager à être pendant soixante ans l'allié fidèle des barons d'Arlay (1308).

XV. Supplice de Jacques de Molay. — Deux mois après ce succès, l'aristocratie comtoise était frappée dans la personne d'un de ses membres qui occupait à Paris une haute situation à la fois religieuse et militaire : la main cupide de Philippe le Bel avait saisi les richesses de l'ordre du Temple, et le chef de cette milice, Jacques de Molay, gentilhomme pauvre de la Franche-Comté, était incarcéré, puis brûlé vif après sept ans de captivité (1308-14).

XVI. La comtesse Jeanne et son mari Philippe de France. — Philippe le Bel étant mort, son second fils et sa bru furent libres d'aller prendre possession du patrimoine d'Othon IV. Jeunes et aimables l'un et l'autre, ils furent accueillis avec enthousiasme par la noblesse comtoise. Jeanne affectionnait sincèrement le pays de ses origines; elle y recruta son entourage et procura ainsi l'avancement d'un certain nombre de lettrés comtois. De ce nombre furent : l'éloquent dominicain Pierre de la Palu, qui devint pa-

triarche de Jérusalem; Hugues de Besançon, qui occupa le siége
épiscopal de Paris; Guy Baudet, de Poligny, le futur évêque de
Langres et chancelier de France sous Philippe de Valois; Simon
de Gonsans, abbé de Baume-les-Moines et ensuite évêque d'Amiens
(1315-16).

**XVII. Avénement du comte Philippe au trône de France
et mort de son fils qui était né à Gray.** — Philippe déployait
son activité sur un plus vaste théâtre. Pendant qu'il était à Lyon,
occupé à enfermer les cardinaux pour leur imposer le choix d'un
pape favorable à la France, Jeanne, habitant alors le château de
Gray, mit au monde un enfant mâle qui reçut le nom de Philippe.
Peu de jours après le roi Louis X mourait, et l'époux de Jeanne
(Philippe V dit le Long) ne tardait pas à remplacer son frère sur
le trône. Mais cette élévation fut bientôt suivie d'un deuil
cruel : l'enfant né à Gray, qui devait hériter de la couronne de
France, mourut avant d'avoir atteint sa première année (1316-17).

**XVIII. Bienfaisance de Jeanne et de Mahaut d'Artois, sa
mère; leur mort.** — Devenue veuve cinq ans après, Jeanne se
contenta de gouverner paisiblement la province qui constituait
son héritage paternel. Elle essaya d'y implanter une industrie lu-
crative, celle de la fabrication des draps, en fixant à Gray des
ouvriers de cette spécialité. Sa mère, la comtesse douairière
Mahaut d'Artois, était son émule dans la pratique de la bienfaisance : les châteaux de Bracon-sur-Salins et de la Châtelaine-sur-
Arbois, résidences de la veuve d'Othon IV, avaient le renom d'être
des asiles ouverts à tous les malheureux. Ces deux femmes furent
successivement empoisonnées par les ordres d'un parent à qui elles
disputaient la possession du comté d'Artois (1322-30).

**XIX. Fondation à Paris d'un collége pour les étudiants
pauvres de la Franche-Comté.** — Par un codicille ajouté à son

testament, Jeanne avait prescrit la fondation, dans l'université de Paris, d'un collége de vingt étudiants pauvres, recrutés, autant que possible, parmi les jeunes gens de la Franche-Comté. Cet asile occupait l'emplacement actuel de l'École de médecine : on l'appelait le collége royal de Bourgogne. Il fut réuni, en 1764, au collége Louis le Grand, mais ses revenus continuèrent à profiter aux étudiants pauvres de la Franche-Comté : le nombre des bourses comtoises résultant de cette fondation s'éleva graduellement jusqu'à 46. Le tout fut confisqué, en 1804, par un décret du premier consul qui se servit des dotations de ce genre pour créer le Prytanée militaire (1325-1330).

XX. Les quatre filles de la comtesse-reine Jeanne. — Jeanne laissait quatre filles : l'aînée, nommée Jeanne comme sa mère, avait été mariée à Eudes IV, duc de Bourgogne; Marguerite, la seconde, était l'épouse de Louis II, comte de Flandre; Isabelle, la troisième, était unie à Guigues VIII, souverain du Dauphiné; Blanche, la cadette, avait pris le voile à l'abbaye de Longchamp (1330).

ITINÉRAIRE IX

Vesoul et Gray. — Si l'on part de Besançon pour visiter ces deux villes, les plus importantes de la Haute-Saône, et que l'on revienne au point de départ, on aura fait un voyage circulaire dans la fertile région des terres à blé et à fourrage, celle que César appelait « le meilleur terroir de la Gaule ». — Après avoir jeté un coup d'œil sur la grande côte boisée de Chailluz et son contre-fort Châtillon-le-Duc, sur le village de Miserey qui possède une belle saline et produit un vin blanc analogue au Château-Chalon, on entre dans la riante vallée de l'Ognon. Voici Cussey, théâtre d'une bataille récente; Geneuille et Chevroz, avec leurs papeteries; le château de la Roche, transformé en ferme-école; les forges de Loulans et Larians; le bourg de Montbozon (fabrique de biscuits et massepains). — Vesoul a quelques morceaux de sculpture dans son église, de curieuses maisons dans ses vieilles rues, mais surtout de charmants jardins. Les amateurs d'antiquités devront une visite à Port-sur-Saône (*Portus Abucinus*) : d'ailleurs, en descendant sur Gray, ils rencontreront Seveux (*Segobodium*), en face de la papeterie de Savoyeux. — Gray jouit d'une belle vue sur les prairies où serpente la Saône. De l'ancien château il ne reste que la porte d'entrée en forme de tour. L'église, du commencement du XVI⁰ siècle, a une vierge de Montaigu réputée miraculeuse. Voir en outre l'hôtel de ville, de la seconde moitié du XVI⁰ siècle ; puis la jolie maison bâtie en 1538 par Simon Gauthiot d'Ancier, maître d'hôtel du connétable de Bourbon, et habitée ensuite par le bienheureux Pierre Fourier. — Avant de rentrer à Besançon, on pourra visiter Pesmes, dont l'église renferme quelques belles œuvres de la Renaissance ; l'ancienne abbaye d'Acey (grande église ruinée du XIII⁰ siècle) ; le château de Balançon, décoré par la maison de Rye au début du XVII⁰ siècle ; Marnay, l'ancien domaine des Joinville et des Gorrevod ; Ruffey, bourgade romaine ruinée par les Vandales, avec château qu'habitait le prince de Montbarrey, ministre de Louis XVI.

CHAPITRE X

PÉRIODE ANGLO-FRANÇAISE

(1330-1381)

Le comte-duc Eudes IV : ses démêlés avec ses beaux-frères. — Ligue contre le gouvernement de Eudes IV : la bataille de la Male-Combe et ses conséquences. — Le comte-duc achève de subordonner les seigneurs. — Revanche de l'aristocratie comtoise ; mort du comte-duc. — Philippe de Rouvres et sa mère-tutrice Jeanne de Boulogne. — Les Anglais en Franche-Comté. — Les Grandes Compagnies. — La comtesse Marguerite. — Ravage de la Franche-Comté par les Grandes Compagnies. — L'aristocratie comtoise alliée de l'Angleterre. — Les Grandes Compagnies congédiées à prix d'or. — Rupture de la Franche-Comté avec l'Angleterre ; l'amiral Jean de Vienne. — Le comte Louis de Male et sa fille Marguerite. — Origine du mot Franche-Comté.

1. Le comte-duc Eudes IV : ses démêlés avec ses beaux-frères. — La comtesse-reine Jeanne avait institué sa fille aînée, la duchesse de Bourgogne, héritière de ses États, ne laissant à ses autres filles que des pensions modiques. Le comte de Flandre et le Dauphin réclamèrent ; ils eurent pour alliés les seigneurs comtois, toujours disposés à la révolte contre le représentant, quel qu'il fût, de l'autorité souveraine. Un nouveau Jean de Chalon-

Arlay, petit-fils de l'ancien lieutenant de Rodolphe de Habsbourg, fut l'âme de cette levée de boucliers. Le comte-duc Eudes IV fut battu et obligé de céder plusieurs domaines à ses beaux-frères (1331).

II. Ligue contre le gouvernement du duc Eudes IV. — Eudes IV venait d'apprendre à connaître les dispositions turbulentes de ses vassaux comtois : il résolut de les dompter par un gouvernement autoritaire. Le parlement et la chambre des comptes furent fixés à Dole, et des baillis énergiques reçurent la mission de redresser les torts sans cesse commis par les justices seigneuriales. Une nouvelle ligue fut organisée par Jean de Chalon-Arlay, de concert avec la commune de Besançon : elle se révéla par les incendies de Salins et de Pontarlier. Eudes IV parut à la tête de 9000 cavaliers et de nombreux fantassins : les confédérés se replièrent sur Besançon ; le comte-duc les y suivit. La milice communale de Besançon se laissa envelopper dans les champs de Saint-Ferjeux par les troupes ducales ; elle fut jetée dans une vaste combe d'où elle ne put sortir qu'en perdant un millier d'hommes. Depuis ce temps la *Combe-Bochard* changea son nom contre celui de *Male-Combe*, c'est-à-dire Combe de malheur. A la prière de l'archevêque de Besançon, le comte-duc accorda une trêve à la commune. Mais quant aux fauteurs de l'aventure, Jean de Chalon-Arlay et le comte Henri de Montbéliard, ils furent, par une sentence arbitrale du roi de France, condamnés à tenir prison pendant un mois au Louvre, puis à être incarcérés pendant quatre jours dans un des châteaux du comte-duc : ils optèrent pour la forteresse de Montereau (1336-37).

III. Le comte-duc achève de subordonner les seigneurs. — Eudes IV poursuivit le cours de ses mesures répressives. Jean de Chalon, humilié et non soumis, essaya de le braver en doublant d'un second château le manoir de Châtelguyon qu'il possédait à

Salins. L'armée ducale démolit cette nouvelle forteresse; il en fut de même pour le château fort que la maison de Neufchâtel-Comté, alliée de Jean de Chalon, avait fait construire à Mathay. A son tour, l'abbé de Lure fut contraint de renverser les remparts dont il avait entouré la ville soumise à son autorité. L'archevêque de Besançon n'eut pas plus de succès en voulant faire fermer l'atelier monétaire que le comte-duc avait établi à Auxonne, ville qui appartenait au diocèse de Besançon où la monnaie archiépiscopale était privilégiée (1312-1315).

IV. **Revanche de l'aristocratie comtoise.** — Le comte-duc de Bourgogne, vassal de la France pour son duché, fut englobé dans le désastre de Crécy. Pour Jean de Chalon, c'était l'heure de la revanche qui sonnait. La ligue des barons comtois se reconstitua sous les auspices de l'Angleterre : cette puissance promit de supporter les frais de la guerre. Eudes IV eut un énergique lieutenant dans la personne d'Othon de Grandson, et les dommages causés aux terres du domaine furent compensés souvent par des dévastations infligées aux propriétés des rebelles. Cependant la confédération demeura victorieuse, et cette fois Jean de Chalon dicta les conditions de la paix : il se fit restituer Châtelguyon, et les Neufchâtel rentrèrent en possession de Mathay. Eudes IV ne survécut que quelques mois au déclin de sa puissance : il mourut de la *fièvre noire*, durant une période d'épidémie qui s'appela *le temps de la grande mort* (1346-49).

V. **Philippe de Rouvres et sa mère-tutrice Jeanne de Boulogne.** — Le successeur d'Eudes IV fut son petit-fils, Philippe de Rouvres, âgé de cinq ans et placé sous la tutelle de sa mère Jeanne de Boulogne. Cette princesse, obligée de chercher un protecteur, accepta la main de Jean le Bon, héritier du trône de France. L'aristocratie comtoise fut plus indépendante que jamais : le roi

Jean n'en put tirer le moindre secours contre les Anglais. Quand ce prince eut été pris à Poitiers, Jean de Chalon lui resta fidèle; mais les Neufchâtel-Comté et les Faucogney se firent les alliés des Anglais : toutefois on respecta le petit comte-duc et Jeanne de Boulogne, son infortunée tutrice (1349-1357).

VI. Les Anglais en Franche-Comté. — Jeanne de Boulogne traita avec l'Angleterre pour racheter la Bourgogne du pillage, dont la menaçaient les troupes anglaises; mais bientôt, au mépris de cet arrangement, les deux provinces furent envahies. La ville de Gray ne put être forcée; celle de Vesoul fut emportée d'assaut, subit le pillage et eut ses murailles démolies. Le jeune comte-duc accourut avec quelques troupes et parvint à expulser les envahisseurs. A la suite de cette expédition, Philippe de Rouvres, qui venait de perdre sa mère, fut émancipé par le roi Jean (1357-1360).

VII. Les Grandes Compagnies. — Le traité de Brétigny, qui stipulait un démembrement de la France, rendait inutiles les bandes armées qui secondaient les troupes régulières. Mais ces soldats improvisés avaient pris l'habitude de piller pour vivre : ils s'organisèrent en *Grandes Compagnies* et firent ouvertement profession de brigandage. Ils battirent à Brignais, près de Lyon, une petite armée française qui avait dans ses rangs plusieurs barons comtois; mais la revanche ne se fit pas attendre : Jacques de Vienne, institué capitaine général par le comte-duc, reprit l'offensive contre ces brigands, les attaquant en détail et les pendant aux arbres des grands chemins (1360-61).

VIII. La comtesse Marguerite. — La mort inopinée de Philippe de Rouvres amena un démembrement des États de ce prince : le duché de Bourgogne fit retour à la couronne de France, tandis que l'Artois, la Franche-Comté et la seigneurie de Salins advenaient à une grand'tante du défunt, Marguerite, fille de la com-

tesse-reine Jeanne et du roi Philippe le Long. Un compétiteur
tenta d'évincer cette princesse : c'était Jean de Bourgogne, dernier
représentant mâle de la lignée des comtes de la province. La majorité des seigneurs fut pour la comtesse Marguerite (1361-62).

**IX. Ravage de la Franche-Comté par les Grandes Com-
pagnies.** — Ces incidents rouvrirent le pays aux Grandes Compagnies : elles entrèrent à la fois par la vallée de l'Ain et par les
gués de la Saône. La principale bande, commandée par Arnaud de
Cervolles dit l'Archiprêtre, essaya de surprendre Besançon et Salins; mais, ici et là, les échelles des assaillants furent renversées,
et il leur fut fait de vigoureuses reconduites. En même temps, les
princes de Chalon expulsaient ces brigands de la vallée de l'Ain, et
les troupes de la comtesse Marguerite leur donnaient la chasse le
long du cours de la Saône (1362-63).

X. L'aristocratie comtoise alliée de l'Angleterre. — Une
complication politique allait ramener Arnaud de Cervolles en
Franche-Comté. Le roi Jean, qui avait une tendresse particulière
pour son fils Philippe dit le Hardi, donna le duché de Bourgogne
en apanage à ce jeune prince et obtint pour lui, de l'empereur
Charles IV, l'investiture de la Franche-Comté qui était un fief impérial. De son côté, le roi d'Angleterre négociait le mariage d'un
de ses fils avec l'héritière présomptive de la Franche-Comté,
petite-fille de la comtesse Marguerite. Cette dernière combinaison
souriait à l'aristocratie de la province : les Chalon-Arlay, les
Neufchâtel-Comté, les Montfaucon et le comte de Montbéliard y
adhéraient avec la comtesse Marguerite. Ce que voyant, le nouveau duc de Bourgogne lança les Grandes Compagnies sur la province qu'il convoitait. Arnaud de Cervolles franchit encore la Saône
et ravagea les plaines comtoises. Jean de Neufchâtel se jeta sur le
duché de Bourgogne et y exerça des représailles. Le comte de

Montbéliard, à la tête de la noblesse comtoise, préparait une véritable expédition contre Philippe le Hardi, quand ce prince envoya traiter de la paix : il renonçait à posséder la Franche-Comté et prenait l'engagement d'en faire sortir les Grandes Compagnies (1364).

XI. Les Grandes Compagnies congédiées à prix d'or. — Jean de Neufchâtel et le comte de Montbéliard ayant refusé de mettre bas les armes, le duc de Bourgogne ne tint pas sa promesse d'expulser de Franche-Comté les Grandes Compagnies. Ces pillards ne cessèrent de tenir la campagne : ils incendièrent Lons-le-Saunier et tentèrent encore d'escalader les murailles de Besançon ; mais, cette fois, ils furent poursuivis par Jean de Vienne, le futur amiral de France, qui leur fit subir une sanglante défaite près de Chambornay-lez-Bellevaux. Cet échec rendit plus accommodants les chefs des Grandes Compagnies : ils consentirent à quitter la province moyennant une rançon de 28 000 florins (1364-66).

XII. Rupture de la Franche-Comté avec l'Angleterre; l'amiral Jean de Vienne. — Cependant la guerre durait toujours entre le duc Philippe et le comte de Montbéliard allié aux Neufchâtel. La victoire finit par rester au duc : Jean de Neufchâtel fut fait prisonnier, et le comte de Montbéliard, pour échapper au même sort, se réfugia au delà du Rhin. Marguerite comprit alors que l'union des deux provinces était la seule manière de leur assurer la paix : elle fit rompre le mariage projeté avec l'Angleterre et accorda au duc de Bourgogne la main de sa petite-fille. L'Angleterre se vengea de cet affront par une nouvelle invasion en France. La noblesse comtoise se rangea tout entière sous les étendards fleurdelisés : l'un de ses membres, l'intrépide amiral Jean de Vienne, fut, sur les principaux champs de bataille, l'auxiliaire et l'émule des connétables Duguesclin et Clisson (1369).

XIII. Le comte Louis de Male et sa fille Marguerite. —

C.   4

La comtesse Marguerite finit ses jours à Paris le 9 mai 1382, à
l'âge de soixante-quinze ans. Son fils le comte de Flandre, Louis
de Male, lui succéda, mais n'eut pas le temps de visiter ses sujets
de Franche-Comté : il mourut au mois de janvier 1384, laissant sa
riche succession à sa fille Marguerite, épouse du duc de Bourgogne Philippe le Hardi (1382-84).

XIV. Origine du mot Franche-Comté. — C'est pendant cette
période que l'on créa le mot Franche-Comté pour désigner la province qui auparavant s'appelait comté de Bourgogne. Ce nouveau
vocable commence à se montrer en 1366, avec la forme *France-
Comté*, ce qui nous porterait à croire qu'il signifiait originairement
Comté de France, et qu'il fut inventé par ceux qui contestaient à
l'empire germanique ses prétendus droits sur la province.

ITINÉRAIRE X

SALINS. — Située dans l'étroit vallon de la Furieuse, entre des montagnes qui la
dominent de plus de trois cents mètres, cette ville a au moins trois kilomètres de
longueur. Malgré le terrible incendie de 1825, il y reste encore nombre de monu-
ments à visiter. *Église de Saint-Anatoile*, édifice de divers styles, dont le gros œuvre
paraît être du milieu du XIIIe siècle; stalles remarquables. *Église de Saint-Maurice*,
du XIVe siècle; statue équestre du saint, en bois, portant le costume militaire de la
Renaissance. *Chapelle de Notre-Dame-Libératrice*, à l'hôtel de ville, résultant d'un
vœu fait par la municipalité, en 1639, pour que Salins fût épargnée par la peste et
par les Suédois. *Bibliothèque* (10,000 volumes), dans l'ancienne chapelle des Jésuites :
on y conserve deux des pièces de tapisserie faites à Bruges, en 1501, pour l'église
de Saint-Anatoile. *Salines*, établies dans des souterrains voûtés, au-dessus desquels
est l'ancien château des Salines avec de vieilles tours. *Bains* (eaux-mères sodo-bro-
murées) : magnifique piscine, nombreux cabinets, beaux appartements pour les baigneurs. *Anciennes fortifications* : il en subsiste de nombreuses tours qui ont un
aspect très-pittoresque, ainsi que la porte Barbarine. *Statue* du général Cler, tué à
Magenta, œuvre de Perraud (de l'Institut), à qui Salins doit encore un monument
commémoratif de la dernière guerre. *Excursions* : au fort Saint-André, reconstruit
par Vauban; au fort Belin, rebâti de nos jours; à Poupet, montagne haute de 853 mètres, d'où l'on découvre la chaîne du Jura et une partie de celle des Alpes; à Gouailles,
ancienne abbaye contiguë à de belles cascades.

CHAPITRE XI

PÉRIODE DUCALE
(1381-1477).

Le comte-duc Philippe le Hardi. — Soumission de l'aristocratie comtoise;
la confrérie de Saint-Georges. — Désastre de Nicopolis. — Le comté de
Montbéliard passe à la maison de Wurtemberg. — Le comte-duc Jean-
sans-Peur. — Le comte-duc Philippe le Bon; l'université de Dole. —
Entente de l'archevêque et de la commune de Besançon. — Les Écorcheurs
en Franche-Comté. — Philippe le Bon associé de la commune de Besançon. — Abaissement de l'aristocratie et élévation de la bourgeoisie.
— Le comte-duc Charles le Téméraire. — Journées de Grandson, de
Morat et de Nancy.

I. Le comte-duc Philippe le Hardi. — Philippe, fils de
France, surnommé le Hardi pour avoir combattu vaillamment à
Poitiers auprès de son père, allait justifier encore ce surnom par
l'audace de ses entreprises contre l'insubordination des seigneurs
comtois. Il promulgua de grandes ordonnances et confia au parlement le soin de les appliquer avec énergie : cette cour suprême
fut investie du droit de réviser toutes les sentences des justices
seigneuriales. Par la création des États, assemblées où les députés
des bonnes villes concouraient au vote et à la répartition des impôts, le comte-duc se fit des créatures dans la bourgeoisie; il en
augmenta le nombre en inaugurant le système des anoblissements
(1381-1389).

**II. Soumission de l'aristocratie comtoise; la confrérie de
Saint-Georges.** — Quelques actes de résistance se produisirent,
mais furent aussitôt réprimés. L'archevêque de Besançon, Guillaume
de Vergy, s'étant permis d'excommunier le comte-duc à propos de

l'atelier monétaire d'Auxonne, n'eut rien de mieux à faire que de se réfugier à la cour pontificale d'Avignon. Un nouveau Jean de Chalon-Arlay, qui venait d'épouser l'héritière de la principauté d'Orange, fut arrêté à Paris, puis incarcéré, enfin grâcié de la façon la plus humiliante. La noblesse, ainsi abaissée, forma, dans le bourg de Rougemont, une association fraternelle sous le titre de confrérie de Saint-Georges (1389-93).

III. Désastre de Nicopolis. — Toujours en quête d'aventures, l'aristocratie comtoise ne tint pas rigueur à son souverain quand se prépara, sous le commandement du jeune comte de Nevers, fils de Philippe le Hardi, une expédition française contre le sultan Bajazet. Le rassemblement du contingent franc-comtois eut lieu à Montbéliard. Une bataille, engagée précipitamment près de Nicopolis, fut perdue par les chrétiens : Henri de Montfaucon, l'unique héritier du comte de Montbéliard, et le vieil amiral Jean de Vienne se trouvèrent au nombre des morts. Le comte de Nevers avait été pris, et il fallut des sommes énormes pour le racheter : la Franche-Comté y contribua pour 12 000 livres et la ville de Besançon pour 3000 (1396-97).

IV. Le comté de Montbéliard passe à la maison de Wurtemberg. — Le vieux comte de Montbéliard Etienne, le dernier des Montfaucon, ne survécut pas longtemps à la mort de son fils unique. Celui-ci laissait quatre filles. L'aînée, Henriette, fut fiancée à Éberard, héritier du Wurtemberg, dont la descendance posséda Montbéliard jusqu'à la révolution française. Jeanne épousa Louis de Chalon, fils du prince d'Orange, et fut dotée des anciens domaines de la maison de Montfaucon (1397).

V. Le comte-duc Jean-sans-Peur. — Jean-sans-Peur, le ci-devant comte de Nevers, continua, comme souverain de la Franche-Comté, les traditions créées par son père. Il profita d'une querelle de la commune de Besançon avec l'archevêque pour prendre pied dans cette grande ville : les citoyens avaient saisi le tribunal de la régalie qui appartenait à l'archevêque; ils l'offrirent au comte-duc, qui l'accepta et ne fut pas pressé de le restituer. Jean-sans-Peur était à Montbéliard, entouré de la noblesse comtoise et donnant des fêtes magnifiques à l'empereur Sigismond, quand il apprit l'horrible massacre qui le rendait maître de Paris. Il y courut en toute hâte et distribua les hauts emplois aux seigneurs de son entourage. Jean de Chalon-Arlay, prince d'Orange, nommé grand bouteiller de France, fut mortellement atteint de la peste. Le comte-duc lui-même ne tarda pas à trouver une mort violente sur le pont de Montereau (1404-1419).

VI. Le comte-duc Philippe le Bon; l'université de Dole. — Philippe le Bon crut venger son père en guerroyant, au profit de l'Angleterre, contre les armées du Dauphin qui étaient celles de la France. Mais ce souci ne l'empêcha pas de perfectionner les rouages administratifs de la Franche-Comté. Cette province était divisée en deux bailliages dits d'Amont et d'Aval : il en créa un troisième dont le siége fut à Dole. Dans cette même ville, il établit une université de hautes études, qui contribua puissamment à l'éducation de la bourgeoisie comtoise (1420-1421).

VII. Entente de l'archevêque et de la commune de Besançon. — Louis de Chalon, prince d'Orange, institué par l'empereur Sigismond vicaire impérial en Franche-Comté, avait ouvert à Jougne une cour de justice où il prétendait pouvoir réformer les jugements rendus par les tribunaux de Besançon. L'archevêque Thiébaud de Rougemont s'unit à la commune pour protester contre cette innovation : l'empereur s'irrita et les plus dures condamnations frappèrent la ville; il fallut que celle-ci payât une forte amende. Toutefois la cour de Jougne fut supprimée. Bientôt après,

4.

un réglement intervint pour fixer les droits et les devoirs réciproques des citoyens et des ecclésiastiques de la ville : le pouvoir politique de la commune y était reconnu et l'on admettait son conseil à faire fonction de jury près des tribunaux civils (1420-1435)

VIII. Les Écorcheurs en Franche-Comté. — Ce qui était arrivé à la suite du traité de Brétigny se reproduisit lors du traité d'Arras : le brigandage des Grandes Compagnies fut renouvelé par ceux qui se nommèrent les *Écorcheurs*. La noblesse comtoise leva des soldats pour donner la chasse à ces pillards; mais les protecteurs ne valaient guère mieux que leurs adversaires : aussi les surnommait-on *Retondeurs*, parce qu'ils faisaient leur proie de ce que les autres n'avaient pu emporter. Pour occuper ces bandes, le Dauphin de France, le futur roi Louis XI, en composa une armée de 30 000 hommes qu'il mena guerroyer, au profit de la maison d'Autriche, contre les Suisses. A l'aller et au retour, le passage se fit par les terres de Luxeuil, de Lure et de Montbéliard : cette dernière ville fut même cédée pour dix-huit mois au Dauphin à titre de place d'armes. Les Écorcheurs commirent en Franche-Comté des actes d'une sauvagerie révoltante (1437-1445).

IX. Philippe le Bon associé de la commune de Besançon. — La commune de Besançon avait pris des précautions pour la défense possible de la ville contre les Écorcheurs : le château des archevêques, situé au-dessus du village de Bregille, fut brûlé comme pouvant servir à l'ennemi. Le danger passé, on débattit avec l'archevêque le prix d'une indemnité, qui s'éleva à plus de 16 000 livres. Pour trouver cette somme, il fallut frapper une taille extraordinaire sur les habitants. Le populaire s'insurgea : les conseillers de la commune furent expulsés de l'hôtel de ville et remplacés par un gouvernement insurrectionnel : le chef de ce mouvement était un batteur d'or nommé Jean Boisot. Le maréchal Thiébaud de Neufchâtel, entré dans la ville pour offrir sa médiation, faillit être assommé par un bloc de pierre lancé à dessein. Il revint bientôt avec des forces, s'empara des coupables et rétablit les anciens gouverneurs; mais ceux-ci durent souscrire un traité accordant au comte-duc moitié des amendes et gabelles de la ville, plus le droit d'y instituer un juge et un capitaine (1445-51).

X. Abaissement de l'aristocratie et élévation de la bourgeoisie. — Philippe le Bon ne fut pas moins énergique que ses prédécesseurs envers l'aristocratie de la province. Jean de Grandson, seigneur de Pesmes, fut condamné à mort pour avoir essayé de former un nouveau parti d'opposition : par égard pour sa famille, l'exécution fut secrète, et le coupable étouffé entre deux matelas au château de Grimont-sur-Poligny. Le terrain que perdait la noblesse était gagné par les légistes plébéiens. La première coutume de Franche-Comté fut leur œuvre : le droit romain, cette *raison écrite*, y était déclaré la règle de tous les cas imprévus; c'était l'arrêt de mort du régime féodal (1455-60).

XI. Le comte-duc Charles le Téméraire. — En succédant à son père, Charles le Téméraire rêva de reconstituer à son profit l'ancien royaume de Bourgogne, se figurant que son orgueil intraitable aurait raison de l'habileté diplomatique de Louis XI, l'adversaire de son projet. Par les soins du délié monarque, une ligue fut bientôt formée contre celui qui se laissait appeler le grand duc d'Occident. Le comte Ulrich de Wurtemberg ayant adhéré à cette ligue, un corps de l'armée ducale vint assiéger Montbéliard : en vain fit-on, sous les murs de la place, le simulacre des apprêts du supplice de l'héritier d'Ulrich tombé aux mains des Bourguignons : la place tint ferme, et le siège fut levé sans résultat. Bientôt après, une armée de 18 000 hommes entrait en Franche-Comté et mettait en déroute, devant Héricourt, les troupes de Charles le Téméraire. A partir de ce moment, les Français et les Suisses se précipitèrent à l'envi sur la Franche-Comté pour y faire du butin : la plupart des petites villes de la province subirent le pillage et l'incendie (1467-1475).

XII. Journées de Grandson, de Morat et de Nancy. — Charles conclut une trêve avec la France pour tirer des Suisses une vengeance éclatante. Il commença par déposséder le duc de Lorraine, allié de ses ennemis, puis entra en Suisse, par Jougne, avec une armée d'environ 30 000 hommes, qui se déploya sur les hauteurs, depuis Orbe jusqu'à Grandson. Le comte-duc allait marcher sur Neuchâtel, quand l'armée suisse, forte de 20 000 soldats, lui présenta la bataille. L'intrépidité des montagnards l'emporta sur la bravoure chevaleresque des milices bourguignonnes : celles-ci se débandèrent dans toutes les directions. En même temps, les garnisons allemandes de Montbéliard et d'Héricourt faisaient irruption dans la Franche-Comté, où elles détruisaient le château de Baume-les-Dames. Trois mois après son échec de Grandson, Charles se crut en mesure de prendre une revanche : de Lausanne où il avait établi son camp, il s'avança contre Morat où étaient massées les forces helvétiques : il y avait environ 35 000 hommes de chaque côté. La fortune trahit encore le comte-duc : il perdit plus de 10 000 hommes et tout son matériel de guerre. Tandis qu'il essayait de reconstituer une armée autour de sa tente qu'il avait plantée à La Rivière, près de Pontarlier, il apprit que les vainqueurs de Morat chassaient ses garnisons de la Lorraine : il courut mettre le siége devant Nancy et périt dans une troisième déroute sous les murs de cette place (1475-77).

ITINÉRAIRE XI

Le fort de Joux et les routes de Suisse. — C'est dans l'étroit défilé de la

Cluse que se confondent les deux routes partant de Neuchâtel et de Lausanne pour gagner la France : aussi ce point de passage forcé a-t-il toujours eu une grande importance stratégique. Il est aujourd'hui gardé par deux forteresses situées en face l'une de l'autre : le fort de Joux et son pendant le fort du Larmont, qui, en 1871, ont protégé l'entrée en Suisse de l'armée de Bourbaki. Au pied du Larmont est un monument commémoratif de ce dernier incident d'une guerre néfaste. Le fort de Joux mérite une ascension. C'est le manoir féodal d'une puissante famille qui dominait sur une partie des hautes sommités du Jura. Cinq enceintes s'y succèdent, étagées les unes au-dessus des autres, séparées par des fossés creusés dans le roc. Le grand puits a 115 mètres de profondeur. Le donjon a renfermé des prisonniers illustres : Mirabeau, Toussaint-Louverture, le cardinal Cavalchini, le général Dupont, le poëte Kleist. Si la vue, déjà fort belle, que l'on a depuis le fort de Joux ne satisfait pas, on trouvera dans le voisinage un magnifique choix de hautes sommités : le Noirmont, le Mont-d'Or, le Suchet, etc. Dans la direction de Jougne, il faut aller voir la Fontaine-Ronde, source intermittente dont le flux et le reflux durent 6 à 7 minutes. On pourra facilement aussi se rendre dans la vallée des lacs et chercher, entre ceux de Remoray et de Saint-Point, l'emplacement de l'abbaye du Mont-Sainte-Marie, ancien lieu de sépulture des Chalon-Arlay.

CHAPITRE XII

PÉRIODE AUTRICHIENNE

(1177-1556.)

La Franche-Comté occupée par Louis XI. — Mariage de Marie de Bourgogne avec Maximilien d'Autriche; expulsion des Français.— Réoccupation violente de la province par Louis XI.— Foi de Louis XI en saint Claude et en Jacques Coitier. — L'imprimerie en Franche-Comté. — La Franche-Comté restituée par la France. — Philippe le Beau. — Marguerite d'Autriche. — Invasion du protestantisme. — Charles-Quint et ses bienfaits envers la·Franche-Comté.

I. La Franche-Comté occupée par Louis XI. — Charles le Téméraire ne laissait qu'une fille, Marie de Bourgogne, héritière de ses immenses domaines. Louis XI se hâta de faire occuper militairement le duché de Bourgogne et la Franche-Comté, sous pré-

texte de *garder le droit* de mademoiselle de Bourgogne, *sa proche
parenté et filleule*. Les villes de Franche-Comté, séduites par ce
mielleux langage, reçurent des garnisons françaises. Mais bientôt, désabusées par la nomination du terrible sire de Craon aux
fonctions de gouverneur des deux provinces, elles se mirent à
expulser leurs hôtes français. Craon ne put se maintenir que
dans la place de Gray. Marie de Bourgogne institua le prince d'O-
range, Jean IV de Chalon-Arlay, gouverneur des deux provinces
(1477).

**II. Mariage de Marie de Bourgogne avec Maximilien
d'Autriche; expulsion des Français.** — Craon marcha contre
Dole, qui était le centre de la résistance : l'armée comtoise
essaya de lui couper la route au passage de l'Ognon, près de Pin-
l'Émagny; mais elle ne réussit qu'à laisser faire prisonnier l'oncle
du prince d'Orange, Hugues de Chalon-Arlay. Tandis que Craon
battait en brèche les remparts de Dole, Marie de Bourgogne don-
nait librement sa main à Maximilien d'Autriche, fils et héritier de
l'empereur d'Allemagne. A cette nouvelle, Guillaume de Vaudrey
se rendit maître de Gray et en chassa les soldats français. De
son côté, la garnison de Dole fondit sur le camp de Craon et y jeta
une telle panique que toute l'artillerie de l'ennemi fut enlevée
par les assiégés (1477).

III. Réoccupation violente de la province par Louis XI.
— En veine de succès, le prince d'Orange porta la guerre dans
le duché de Bourgogne : les Suisses lui vinrent en aide; mais un
échec qu'ils éprouvèrent devant Dijon leur montra qu'ils auraient
tout intérêt à être les alliés du roi de France. Louis XI, qui avait
remplacé Craon par Charles d'Amboise, reprit l'offensive avec de
formidables moyens : Hugues de Chalon, éperdument amoureux
de Louise de Savoie, nièce du roi, consentit, pour épouser cette

princesse et être mis en liberté, à marcher contre son oncle le prince d'Orange. Dole fut livrée par trahison, mise au pillage pendant deux jours et ensuite dévorée par les flammes : il n'y resta debout que les deux demi-maisons où d'Amboise avait élu domicile. Vesoul et Gray subirent à leur tour le massacre et l'incendie. Salins, Poligny et Arbois furent ouvertes à la France par Hugues de Chalon. Sous l'influence de l'archevêque Charles de Neufchâtel et de Léonard des Potots, l'oracle du conseil communal, Besançon reconnut Louis XI pour son gardien : ses habitants furent gratifiés en France de priviléges égaux à ceux des bourgeois de Paris. Les châteaux de Châtillon-le-Duc et Montfaucon, qui faisaient partie de l'avant-garde de la cité, avaient été préalablement détruits (1478-80).

IV. Foi de Louis XI en saint Claude et en Jacques Coitier. — Les Comtois ne virent pas sans émotion le sinistre monarque, réduit à l'état d'*anatomie cheminante*, se rendre, deux années de suite, en pélerinage à Saint-Claude, avec une escorte imposante, pour demander sa guérison : il subissait d'ailleurs la tyrannie de son médecin Jacques Coitier, de Poligny, qui, par des extorsions continuelles, semblait une sangsue appliquée par la Franche-Comté au flanc de son bourreau. Louis XI mort, les États de Franche-Comté, réunis à Besançon par emprunt de territoire, reconnurent comme souverain de la province le nouveau roi de France, Charles VIII, qui était fiancé à la fille de feue Marie de Bourgogne (1481-83).

V. L'imprimerie en Franche-Comté. — Ce fut dans ces temps troublés que l'imprimerie, le grand art qui devait renouveler la face du monde, s'introduisit d'abord à Salins en 1485, pour la confection d'un *Missel* à l'usage du diocèse, puis à Besançon en 1487 et 1488, et enfin à Dole en 1490. Les calamités publiques ne permirent pas à ces établissements de prospérer, et la province dut attendre un siècle avant de renouer d'une façon sérieuse avec la typographie (1485-90).

VI. La Franche-Comté restituée par la France. — Charles VIII ayant épousé Anne de Bretagne, les Comtois se regardèrent comme déliés à l'égard de la France. Maximilien d'Autriche, père et tuteur des enfants de Marie de Bourgogne, vint reconquérir la Franche-Comté : Besançon, ville impériale, lui ouvrit ses portes. Le gouverneur français, Jean de Baudricourt, ayant été battu par l'armée comtoise à Dournon, au-dessus de Salins, ce fut le signal d'une expulsion générale des garnisons françaises. Charles VIII demanda la paix : elle fut signée à Senlis et eut pour conséquences de rendre à Maximilien sa fille Marguerite ainsi que les provinces assignées en dot à cette princesse ; le duché de Bourgogne fut conservé par la France (1491-93).

VII. Philippe le Beau. — Par suite de l'inexécution du mariage français, la dot territoriale de Marguerite revenait à son frère Philippe le Beau, alors âgé de quatorze ans. Maximilien, qui venait de s'asseoir sur le trône de l'Empire, gouverna la Franche-Comté jusqu'à la majorité de son fils. Ce jeune prince, uni à l'héritière des Espagnes, mourut âgé de vingt-huit ans, laissant pour lui succéder un enfant de cinq ans, le futur Charles-Quint (1494-1506).

VIII. Marguerite d'Autriche. — Maximilien se déchargea sur sa fille Marguerite de la régence des provinces bourguignonnes : il créa cette princesse souveraine de la Franche-Comté pour le reste de sa vie, et gouvernante des Pays-Bas pendant la minorité de son neveu. Marguerite eut la généreuse pensée de laisser à la Franche-Comté le soin de sa propre administration ; le pouvoir y appartint dès lors en commun au gouverneur et au parlement de la province : à cette école se formèrent Mercurin de Gattinara et Nicolas Perrenot de Granvelle, qui devaient se succéder dans le poste de garde des sceaux de Charles-Quint. C'est à Marguerite que la Franche-Comté dut le bénéfice du premier traité qui la neutralisait au point de vue des complications belliqueuses : la province fut ainsi préservée du contre-coup des guerres suscitées par la rivalité de François Ier et de Charles-Quint (1506-1522).

IX. Invasion du protestantisme. — Durant le gouvernement de Marguerite, la Franche-Comté ne fut troublée que par la fermentation populaire que produisirent les prédications protestantes. Les paysans du comté de Montbéliard, où Guillaume Farel avait fait abolir la messe, se joignirent aux bandes allemandes qui avaient passé le Rhin pour détruire les abbayes et les châteaux. L'aristocratie comtoise purgea la province de ces pillards; mais le pays de Montbéliard n'en demeura pas moins à peu près entièrement acquis au nouvel Évangile. Il fallut toute l'habileté du garde des sceaux Granvelle pour que la république bisontine restât fidèle au vieux culte : elle en fut récompensée par de nombreux privilèges, entre autres celui de frapper monnaie à ses armes et à l'effigie de Charles-Quint (1524-1538).

X. Charles-Quint et ses bienfaits envers la Franche-Comté. — En reprenant après sa tante le gouvernement de la Franche-Comté, Charles-Quint ne changea rien au régime inauguré par Marguerite : le premier monarque du monde avait des sentiments paternels pour les territoires qui lui venaient de la maison de Bourgogne. La plus grosse part des tributs payés par les villes fut affectée au relèvement de leurs remparts : d'habiles ingénieurs, les Precipiano, rectifièrent les anciens tracés. Une compagnie de Génois vint instituer à Besançon des foires financières qui, abolies lors de la reprise des guerres, furent transportées à Plaisance où elles continuèrent à s'appeler *Feria di Bisançone*. Le garde des sceaux

Granvelle peuplait d'œuvres d'art et de livres précieux son palais de Besançon. Le savoir marchait de pair avec la noblesse, et par l'un on arrivait à l'autre : la dynastie lettrée des Chiflet en fut un exemple. Sous l'influence du protectorat intellectuel de Marguerite et de son impérial neveu, la Franche-Comté fournit un remarquable contingent de penseurs, d'écrivains et d'artistes : l'érudit Gilbert Cousin, de Noseroy, secrétaire d'Érasme ; le jurisconsulte Pierre Loriot, de Salins ; Jacques Prévost, de Gray, l'un des bons élèves de Raphaël ; Claude Goudimel, de Besançon, le créateur de la musique populaire. Ce n'est donc pas sans raison qu'on a pu dire que le règne de Charles-Quint avait été *l'âge d'or* de la Franche-Comté (1530-1556).

ITINÉRAIRE XII

Le Saut-du-Doubs, Morteau et Montbenoît. — Dès qu'il sera possible de traverser en chemin de fer les plateaux assez arides qui règnent entre Besançon et Morteau, le *Saut-du-Doubs* tentera nombre d'excursionnistes. Trois kilomètres avant sa chute, le Doubs forme une suite de bassins emprisonnés dans de majestueuses roches (échos surprenants quand l'on fait la course en barque). Passer sur la rive française pour contempler la cataracte de 27 mètres. En remontant par le charmant village suisse des Brenets, voir les pittoresques tunnels du *Col des Roches*. — De Morteau à Montbenoît, la route suit, en le remontant, le cours du Doubs qui vient de Pontarlier. Superbes entablements de roches qui se réfléchissent dans la rivière. A *Remonot*, grotte consacrée au culte d'une très-ancienne vierge réputée miraculeuse : il y coule une source dont on boit l'eau par dévotion. Un peu plus haut, à *Entreroches*, rochers grandioses entre lesquels bouillonne le Doubs. *Montbenoît*, ancienne abbaye de l'ordre de Saint-Augustin. L'église est un monument historique : cloître du XVe siècle ; stalles, encadrement d'un trône abbatial, monument commémoratif des sires de Joux, statuettes diverses, le tout sculpté par des artistes florentins, vers 1527, aux frais de l'abbé commendataire Ferry Carondelet, ami de Raphaël et d'Érasme.

CHAPITRE XIII

PÉRIODE ESPAGNOLE

(1556-1674.)

Philippe II : son caractère et celui de son gouvernement. — Le comté de Montbéliard accru de quatre seigneuries. — Le cardinal de Gran-velle. — Surprise de Besançon par les exilés protestants. — Invasion de Tremblecourt. — Invasion de Henri IV. — Les archiducs Isabelle-Claire-Eugénie et Albert. — Richelieu et le roi d'Espagne Philippe IV. — Siége de Dole par le prince de Condé. — Le général impérial Gal-las. — Triple invasion. — Exploits féroces de Weymar. — Les fau-cheurs de Villeroy. — La neutralité rendue à la province. — Paix de Westphalie; Besançon perd son autonomie; le roi d'Espagne Charles II. — L'abbé Jean de Watteville. — Conquête française de 1668. — Re-tour de la Franche-Comté à l'Espagne. — Massacre d'Arcey. — Le duc de Navailles et le prince de Vaudemont. — Siége de Besançon en 1674. — Siége de Dole et achèvement de la seconde conquête.

1. Philippe II : son caractère et celui de son gouverne-ment. — Philippe II, roi des Espagnes et des Indes, en même temps que souverain des Pays-Bas et de la Franche-Comté, n'hé-rita pas des visées grandioses de son père Charles-Quint : il avait l'esprit étroit, l'humeur chagrine, le caractère vindicatif. Son gouvernement, tracassier et persécuteur, ne s'occupa guère de la Franche-Comté que pour y ériger l'inquisition à l'état de pou-voir légal. La province, réduite à ses propres forces, ne pouvait faire respecter sa neutralité : aussi le règne de Philippe II ouvrit-il pour ce malheureux pays une ère nouvelle de calamités publi-ques : les passages de troupes, à peu près continuels, y entretinrent la peste et y semèrent la ruine (1556-98).

II. Le comté de Montbéliard accru de quatre seigneuries. —
La maison de Wurtemberg, souveraine du comté de Montbéliard,
prétendait avoir droit aux seigneuries d'Héricourt, de Blamont,
de Clémont et de Chatelot, possédées en dernier lieu par la
famille de Neufchâtel-Comté qui n'avait plus de représentants
mâles. Claude-François de Rye, héritier des Neufchâtel du chef
de sa mère, s'empara d'Héricourt par surprise; mais il en fut dé-
logé au bout de cent jours, et les quatre terres contestées formèrent dès lors une annexe du comté de Montbéliard (1561).

III. Le cardinal de Granvelle. — Le cardinal de Granvelle,
enfant de Besançon, fut aux Pays-Bas l'instrument de la politique
de Philippe II, et, malgré la modération relative de ses procédés,
l'opposition protestante le rendit responsable des mesures inquisi-
toriales décrétées par son maître. Après avoir cédé la place au
duc d'Albe, qui ne tarda pas à le faire regretter, il vint passer
cinq années parmi ses compatriotes, s'y occupant de l'administration de ses domaines et de l'arrangement des objets précieux qu'il
ajoutait aux collections formées par son père. Son crédit profita
grandement aux institutions et aux hommes de la province (1555-
1573).

IV. — Surprise de Besançon par les exilés protestants. —
Tandis que le cardinal de Granvelle grandissait en faveur et allait
exercer à Naples les fonctions de vice-roi, les protestants de la
Suisse et de Montbéliard faisaient sourdement des prosélytes en
Franche-Comté. La ville de Besançon étant le siége principal de
cette propagande, l'empereur y envoya deux commissaires, le
comte de Montfort et le baron de Bolwiller, avec mandat de poursuivre énergiquement les hérétiques. Une foule de citoyens furent
arrêtés : on en pendit quelques-uns et l'on bannit le plus grand
nombre; la plupart de ceux-ci se réfugièrent en Suisse ou à Mont-

béliard. Au bout de deux ans d'exil, ils se massèrent pour péné-
trer de force dans la ville. Entrés par le Doubs sur de petites
barques, ils s'étaient retranchés sur le pont, quand l'alarme fut
donnée. L'archevêque Claude de la Baume et le gouverneur de la
province, François de Vergy, montèrent à cheval pour les refouler :
on leur coupa la retraite en abaissant la herse d'une porte par
où ils voulaient fuir, et il n'y eut pour eux ni pitié ni merci. En
mémoire de cet événement, décoré du nom de *délivrance*, on
arrêta qu'une procession aurait lieu chaque année le 21 juin; elle
se fait encore actuellement (1573-75).

V. Invasion de Tremblecourt. — Vingt ans plus tard, la
France, qui venait de trouver dans Henri IV l'incarnation de son
génie, voulut en finir avec la guerre civile que, sous prétexte de
religion, les agents espagnols fomentaient chez elle. Le duc de
Mayenne, l'allié de Philippe II, tenant encore le duché de Bourgogne
et se ravitaillant au moyen de la Franche-Comté, Henri IV fit envahir cette province par 6000 soldats lorrains placés sous les ordres
des capitaines Louis de Beauvau-Tremblecourt et d'Haussonville.
Les bourgs de Jonvelle et de Jussey furent leurs premières proies.
Vesoul capitula en versant 12000 écus. De là Tremblecourt envoya
sommer Besançon de lui ouvrir ses portes : la ville objecta qu'elle
relevait de l'empereur et non de l'ennemi du roi de France, et cette
excuse fut admise. L'envahisseur se dédommagea par le pillage de
plus petites localités. Sur ces entrefaites arriva le connétable de
Castille, avec dix mille Espagnols auxquels s'ajoutèrent autant de
soldats comtois. Tremblecourt recula. Le connétable occupa Gray
et parvint à donner la main au duc de Mayenne (1595).

VI. Invasion de Henri IV. — A cette nouvelle, Henri IV accourut
en Bourgogne, battit Mayenne à Fontaine-Française, et jeta sur la
Franche-Comté une armée de dix mille hommes qui se mit à rançon-

ner la partie basse de la province. Bientôt le roi lui-même vint avec de nouvelles forces, élevant ainsi l'armée d'invasion à 25 000 hommes. Après avoir exigé de Champlitte une somme de 8000 écus et fait piller Pesmes par ses soldats, Henri IV se présenta devant Besançon : il venait seulement tendre la main à cette ville pour en recevoir un petit secours d'argent; on traita pour 30 000 écus, dont 27 000 seulement furent payés. La plupart des petites places du Jura se rachetèrent par des contributions et eurent néanmoins fort à souffrir. Arbois fit une résistance héroïque : il fallut quatre jours de siége pour en venir à bout, et Biron eut la cruauté de faire pendre le capitaine Morel qui avait été l'âme de cette défense. Sa récolte pécuniaire terminée, Henri IV consentit au rétablissement du pacte de neutralité qui mettait la Franche-Comté en dehors des complications belliqueuses (1595).

VII. Les archidues Isabelle-Claire-Eugénie et Albert. — Philippe II avait marié sa fille Isabelle-Claire-Eugénie à l'archiduc Albert d'Autriche, en leur accordant la souveraineté des Pays-Bas et de la Franche-Comté. Sous ce gouvernement paisible, les couvents se multiplièrent dans la province : chaque bourgade tint à avoir des Capucins ou des Carmes déchaussés. Les Jésuites, dont le cardinal de Granvelle ne voulait pas dans le diocèse de Besançon, furent alors recherchés par les villes comme instituteurs de la jeunesse : ils venaient de fonder à Dole (1596) et à Besançon (1597) des colléges somptueux et florissants (1596-98).

VIII. Richelieu et le roi d'Espagne Philippe IV. — Le renouvellement du traité de neutralité entre la Bourgogne française et la Franche-Comté, sa voisine, semblait assurer à cette dernière province une longue période de paix, quand le gouvernement de Dole eut la généreuse maladresse de donner successivement asile à Gaston d'Orléans et au duc de Lorraine, l'un et l'autre sous le

coup de la haine implacable du cardinal de Richelieu. La neutralité
fut considérée par la France comme rompue, et la province englobée
dans le périmètre des opérations militaires que le roi de Suède,
l'allié du cardinal, dirigeait contre la maison d'Autriche. Sur ces
entrefaites, l'infante Isabelle mourait avec le titre de gouvernante,
car la souveraineté directe de la Franche-Comté et des Pays-Bas
avait fait retour, dès 1621, au roi d'Espagne Philippe IV (1611-33).

IX. **Siége de Dole par le prince de Condé.** — Après quelques incursions dommageables opérées par le prince Otto-Louis,
l'un des lieutenants de Gustave-Adolphe, et par le maréchal de la
Force, Richelieu se crut en mesure d'attaquer le centre politique
de la province : le prince de Condé reçut l'ordre de faire le siége
de Dole. L'archevêque Ferdinand de Rye, âgé de quatre-vingts ans,
vint s'enfermer dans cette ville avec le maitre de camp de la
Verne et le conseiller Boyvin, tandis que le marquis de Watteville-
Conflans, maître de camp général, assisté de Girardot de Beau-
chemin, comme intendant militaire, allaient lever une armée de
secours. Pendant que l'artillerie française, partagée en quatre
batteries, tonnait contre les remparts et la ville de Dole sans
ébranler le courage des défenseurs, la cavalerie française courait
à travers la province et venait même incendier le village de Saint-
Ferjeux, aux portes de Besançon. Mais l'armée de secours, ren-
forcée de cavaliers croates qu'envoyait le roi de Hongrie, fut
bientôt assez forte pour marcher à la délivrance de Dole. Les assiégeants, découragés par l'avortement de leurs fourneaux de
mine, prirent le parti de la retraite; ils n'évitèrent la poursuite
qu'en jetant dans le Doubs leur gros matériel de siége (1632-36).

X. **Le général impérial Gallas.** — Bientôt après arrivait en
Franche-Comté le comte Gallas, à la tête d'une armée impériale
de vingt mille hommes : les auxiliaires lorrains et croates se fon-

dirent dans cette troupe. Gallas était poursuivi par le duc Bernard de Saxe-Weymar, ancien lieutenant de Gustave-Adolphe. Il essaya sans succès de porter la guerre dans le duché de Bourgogne, et le marquis de Conflans, à la tête de soldats comtois, se fit battre sur la frontière bressane. Le comté de Montbéliard s'était mis sous la protection de la France (1636-37).

XI. Triple invasion. — Richelieu, enhardi par l'échec de Gallas, fit attaquer la Franche-Comté par trois armées à la fois : Weymar tenait la ligne de la Saône; le comte de Grancey passait du pays de Montbéliard dans la vallée du Doubs; le duc de Longueville entrait par la Bresse pour se jeter sur le Jura. Avec ce qui restait de l'armée de Gallas, joint à divers contingents lorrains et comtois, le marquis de Conflans forma une armée de défense dont le duc de Lorraine prit le commandement suprême. En présence de la supériorité des forces de l'ennemi, il fut résolu que l'on se bornerait à protéger Besançon et accessoirement à secourir Salins. L'armée fut donc établie à Velotte, sous Besançon, et deux ponts établis sur le Doubs permirent à ce camp de communiquer avec la région montagneuse dont Salins faisait partie. Weymar, qui avait installé ses troupes derrière les hauteurs de Bregille et de Palente, n'osa pas tenter l'attaque de Besançon. Longueville, incessamment arrêté par les fusillades qui partaient des buissons et des cavernes, renonçait aussi à faire le siège de Salins. Grancey avait perdu nombre d'hommes et tout son bagage en essayant de prendre Saint-Hippolyte (1637).

XII. Exploits féroces de Weymar. — Pendant que Longueville rançonnait les petites villes de la région jurassienne, Weymar s'emparait de Brisach, la seule porte par où les impériaux pouvaient secourir la Franche-Comté. Ce sauvage marchait ensuite sur nos montagnes; il profitait de la clémence de l'hiver pour s'emparer de Pontarlier et du château de Joux. De là il envoyait brûler la ville de Saint-Claude et allumer des incendies dans tous les villages des plateaux. Avant de quitter Pontarlier, il en faisait flamber les maisons et rôtir les habitants infirmes. La peste semblait rivaliser de cruauté avec Weymar : sur les 1500 hommes qui gardaient la forteresse de Saint-Agne, près de Salins, un millier périrent en deux mois. La famine était telle que, dans les camps, les soldats morts devenaient la pâture de ceux qui survivaient. L'émigration eut lieu dans des proportions inouïes : rien qu'à Rome on comptait jusqu'à dix ou douze mille réfugiés comtois. Il ne restait guère d'habitants que dans les quatre villes de Besançon, Dole, Gray et Salins (1638-39).

XIII. Les faucheurs de Villeroy. — La mort de Weymar ne délivra pas la Franche-Comté : Richelieu y envoya le marquis de Villeroy avec ordre de faire faucher en herbe les blés que l'on avait semés autour des villes. Partout cette abominable tentative fut énergiquement repoussée. En même temps, le baron du Saix d'Arnans et le capitaine Prost de Lacuson, à la tête de petites troupes de partisans, exerçaient, en Bresse, des représailles sur les villages et les récoltes des Français. La Franche-Comté ne cessa d'être harcelée jusqu'à la mort de Richelieu. Pourquoi faut-il que, dans le cortége des adulateurs du fameux cardinal, il se soit trouvé un bisontin de naissance, Jean Mairet, le précurseur et le rival du grand Corneille? (1639-42.)

XIV. La neutralité rendue à la province. — Le théâtre de la guerre ayant été changé, une trève fut accordée à la province, moyennant la démolition du château de Grimont-sur-Poligny : ce qui n'empêcha pas Turenne de faire piller Vesoul par ses troupes. Enfin, par un traité particulier conclu avec Mazarin, la Franche-Comté retrouva sa vieille neutralité : elle s'engageait à payer an-

5.

nuellement à la France 40 000 écus et à subir des garnisons françaises dans quelques postes, entre autres au château de Joux. Il était temps que cette série de calamités eût un terme, car la province, au dire du chroniqueur français Monglat, « ressemblait plutôt à un désert qu'à un pays qui eût jamais été peuplé » (1643-44).

XV. Paix de Westphalie; Besançon perd son autonomie; le roi d'Espagne Charles II. — Un congrès européen était assemblé en Westphalie pour conclure une paix générale : Antoine Brun, procureur général à Dole, fut l'un des négociateurs de l'Espagne. La diète de Ratisbonne compléta cette œuvre de pacification : là fut conclu l'échange du protectorat de Besançon, qui appartenait à l'Empire, contre la ville de Frankendal que détenait l'Espagne. Pour Besançon, c'était la perte de son autonomie et son annexion à la province. La vieille cité demanda et obtint des compensations : un district de cent villages à ajouter à son territoire, une chambre supérieure de justice égale en autorité au parlement de Dole, la promesse d'une université entretenue par le trésor royal. Pendant que ces arrangements se concluaient, le roi d'Espagne Philippe IV mourait, laissant le pouvoir à un enfant, Charles II, placé sous la tutelle d'une mère incapable (1643-1665).

XVI. L'abbé Jean de Watteville. — Le roi de France Louis XIV avait épousé une fille du premier lit de Philippe IV : il prétendit que, suivant la coutume des Pays-Bas et de la Franche-Comté, ces provinces revenaient à sa femme. Le cabinet de Madrid, par la plume du baron de Lisola, originaire de Salins, n'eut pas de peine à démontrer que la succession aux souverainetés ne se réglait pas d'après le droit coutumier. Néanmoins, l'Espagne étant sans alliances, les Pays-Bas furent envahis par Turenne, tandis que le grand Condé se préparait à fondre sur la Franche-Comté. On connaissait la difficulté d'une lutte ouverte contre cette province : aussi la diplomatie française jugea-t-elle utile d'y nouer préalablement des intrigues. Deux personnages importants de la province furent gagnés, et se chargèrent de créer un parti favorable à la France : c'étaient le marquis de Laubépin et l'abbé Jean de Watteville. Celui-ci était un type d'audacieux aventurier : il avait commencé par être chartreux, s'était évadé du couvent en tuant le prieur, avait embrassé l'islamisme pour devenir pacha dans l'armée turque, s'était fait absoudre par le pape en trahissant le sultan, puis avait obtenu plusieurs bénéfices ecclésiastiques dont il vivait en grand seigneur. Comme la discorde régnait entre les pouvoirs publics de la province, les affidés eurent beau jeu pour prêcher l'impossibilité de la résistance (1665-1668).

XVII. Conquête française de 1668. — Rien n'était préparé pour la défense quand Condé se mit en campagne : aussi fit-il occuper, en un même jour, auprès de Dole le poste de Rochefort, auprès de Gray le poste de Pesmes, auprès de Besançon le poste de Marnay. Un autre corps d'armée, sous le commandement du maréchal de Luxembourg, alla s'emparer de Bletterans, de Poligny et d'Arbois. Un troisième corps, dirigé par le marquis de Noisy, marcha sur Lons-le-Saunier, avec mission de parcourir les montagnes et d'en occuper les forteresses. Louis XIV vint, malgré le brouillard et le verglas, présider à la conquête. Besançon se rendit à la sommation de Condé : les canons de l'artillerie municipale furent emmenés, et ordre fut donné de faire sauter le château d'Arguel, voisin de la place. Salins avait ouvert ses portes à Luxembourg. Dole subit un siège et capitula, surtout pour que Besançon ne devint pas la capitale de la province. Le marquis de Noisy était tenu en échec dans les montagnes par le capitaine Lacuson, mais Watteville lui faisait ouvrir les forteresses de Joux et de Saint-Agne.

Cet audacieux personnage courait ensuite à Gray qu'assiégeait Louis XIV, et négociait la reddition de cette place. Laeuson reçut du parlement l'ordre de venir faire à Dole sa soumission au lieutenant du roi de France, et il obéit. La Franche-Comté avait été conquise en quinze jours, moins par la stratégie du grand Condé que par celle de l'abbé de Watteville (1668).

XVIII. Retour de la Franche-Comté à l'Espagne. — Tout un personnel entra immédiatement en fonctions pour transformer la Franche-Comté en province française. Sur l'avis de Vauban, on décida la construction d'une citadelle formidable à Besançon : les forts de Salins et de Joux furent conservés comme positions militaires ; mais on condamna au démantellement les autres forteresses de la province. Tout cela ne reçut qu'un commencement d'exécution : au bout de trois mois, le traité d'Aix-la-Chapelle avait restitué la Franche-Comté à l'Espagne. L'allégresse fut grande dans la province, car les allures tranchantes de l'administration française avaient éveillé bien des susceptibilités. Tous ceux qui avaient préparé les voies à la conquête furent expulsés comme traîtres au pays. La joie publique se modéra lorsque le prince d'Aremberg, institué gouverneur plénipotentiaire par l'Espagne, imposa la province à 3000 francs par jour pour l'entretien des troupes étrangères, supprima le parlement de Dole en le remplaçant par une chambre de justice établie à Besançon, exigea que cette dernière ville continuât à ses frais les travaux militaires commencés par Vauban. La province n'était pas habituée à un tel mépris de ses franchises : aussi la désaffection publique fut-elle unanime envers d'Aremberg et envers ses deux successeurs, les Espagnols Quiñones et Alveyda (1668-73).

XIX. Massacre d'Arcey. — La discorde suivait son funeste cours, quand éclata la déclaration de guerre faite à la France par l'Espagne, l'Empire, la Hollande et la Lorraine. La Franche-Comté se mit sur la défensive, mais avec plus de loyauté que d'espérance. Un incident vint modifier l'état des esprits : la garnison française de Belfort, voulant venger la mort de quelques maraudeurs à elle appartenant, se jeta sur le village d'Arcey et brûla toute la population du village qui s'était retranchée dans le clocher. Cette barbare exécution souleva les consciences, et fit que les paysans comtois furent repris d'un accès de haine contre la France (1674).

XX. Le duc de Navailles et le prince de Vaudemont. — Louis XIV, après s'être assuré de la neutralité des Suisses, commit le duc de Navailles pour envahir la Franche-Comté. Ce général franchit la Saône à Pontailler, puis l'Ognon, près de Pesmes qui se rendit au cinquième coup de canon. La place de Gray, défendue par 2 000 hommes, supporta cinq jours d'attaque et ne capitula qu'au moment où l'assaut allait lui être donné. Vesoul se rendit sans résistance; mais Luxeuil tint ferme, et l'ennemi ne put qu'incendier ses faubourgs. Tous les postes conquis ayant reçu des garnisons, la guerre fut transportée dans le sud de la province. Lons-le-Saunier devint immédiatement la place d'armes de troupes qui s'emparèrent d'Orgelet et de Poligny. Arbois, étroitement assiégée à son tour, fut secourue par le prince de Vaudemont, dont l'arrivée rendit cœur et courage aux défenseurs de la province. C'était le fils du duc de Lorraine Charles IV et de la belle franc-comtoise Béatrix de Cusance : il avait de la valeur et du prestige. En présence de cet adversaire, Navailles pria Louis XIV de venir en personne poursuivre la conquête (1674).

XXI. Siége de Besançon en 1674. — Il ne restait plus à faire que les trois siéges de Besançon, Dole et Salins : le grand roi avait une prédilection marquée pour ce genre d'opérations.

Besançon fut son premier objectif : cette place était défendue par une garnison de 2500 soldats et par un nombre à peu près égal de citoyens ou villageois armés; la citadelle n'était qu'une ébauche et les murailles de l'enceinte manquaient de solidité. Il avait été décidé que le prince de Vaudemont défendrait la place, et que le gouverneur Alveyda tiendrait la campagne en s'appuyant sur Salins. Louis XIV établit son quartier général à Saint-Ferjeux : le duc d'Enghien commandait les troupes d'investissement, et les attaques étaient dirigées par Vauban. Sous la protection d'une batterie placée à Chaudane, on ouvrit la tranchée contre les murailles de Chamars; on en dirigea une seconde contre le bastion d'Arènes : un boyau de communication relia bientôt ces deux cheminements. Repoussés dans un assaut de nuit qu'ils avaient tenté à Chamars, les assiégeants firent rage contre le bastion d'Arènes. La brèche en cet endroit devenant accessible à la cavalerie, force fut à la ville de souscrire une capitulation analogue à celle de 1668. Mais la citadelle n'était pas prise : le prince de Vaudemont s'y retira avec les troupes régulières. Les batteries de Chaudane et de Bregille, qui dominaient cette forteresse dépourvue de flanquements, y firent pleuvoir les projectiles : la cathédrale de Saint-Étienne fut ruinée par une explosion des poudres emmagasinées dans cet édifice. Enfin Vaudemont accepta une capitulation des plus honorables. Le double siége avait duré vingt-sept jours. Louis XIV voulut visiter les ruines de la citadelle et descendre à pied jusqu'à la cathédrale de Saint-Jean pour y faire chanter un *Te Deum*. Pendant le siége de Besançon, le maréchal de Luxembourg avait opéré dans la région montagneuse de la province : il n'avait eu à employer le canon que contre Châteauvieux, dans la vallée de la Loue, et contre Pontarlier; mais les embuscades des partisans avaient fait un mal énorme à ses soldats (1674).

XXII. Siége de Dole et achèvement de la seconde conquête.
— En quittant Besançon, Louis XIV avait marché sur Dole. A la sommation du roi, le marquis de Borgomanero, gouverneur de la place, répondit que la certitude d'un échec ne l'empêcherait pas de faire son devoir. Après onze jours de tranchée et de canonnade, au moment où l'un des principaux bastions allait sauter par l'explosion d'un fourneau de mine, la défense envoya au roi sa soumission pure et simple. Louis XIV quitta la province, laissant à trois de ses lieutenants le soin d'en achever la conquête. Le duc de là Feuillade, envoyé contre Salins, fit en passant le siége d'Arbois, qui subit pendant deux jours le feu de l'artillerie française. Il fallut dix-sept jours de siége et plus de 500 volées de canon pour réduire Salins, et l'armée conquérante y perdit un millier d'hommes. Le duc de Duras attaquait en même temps la forteresse de Sainte-Agne, poste inaccessible et qu'il ne put battre qu'au moyen d'une haute charpente en bois sur laquelle on hissa des canons. Le château de Joux n'essaya pas de se défendre. Lure et Luxeuil se rendirent promptement au marquis de Resnel; mais la place de Faucogney voulut faire une résistance désespérée : elle fut prise d'assaut et livrée au plus horrible pillage. Ce fut le dernier soupir de la résistance. Six mois avaient été nécessaires aux puissantes armées de la France pour venir à bout d'un petit pays où la guerre, la peste et la famine étaient à peu près en permanence depuis plus d'un siècle (1674).

ITINÉRAIRE XIII

CHAMPAGNOLE, MOREZ, SAINT-CLAUDE. — Région industrielle du Jura, pays de hauts sommets et de vallées profondes, éminemment propre à la guerre de partisans; c'est là qu'était né le légendaire capitaine Lacuson, et c'est là qu'avait dû naître aussi notre fier dicton provincial :

Comtois, rends-toi!
Nenni, ma foi.

Un tronçon de chemin de fer relie la station d'Andelot à Champagnole. De là on peut faire des excursions à la source de l'Ain et aux Planches, en visitant l'église de Sirod; aller aussi à Nozeroy, où les Chalon eurent un palais, et au val de Miége, dont la principale église est peuplée de statues. Se diriger ensuite sur Saint-Laurent ; voir en passant la chute de la Lemme, près de la Billaude, puis le lac de Bonlieu et les restes de la Chartreuse de ce nom. — Morez, dans les gorges de la Bienne, est un centre de fabrication pour les grosses horloges, les tournebroches et les verres de lunettes. Monter aux Rousses (forteresse moderne), longer le pied de la Dôle, par la vallée des Dappes, et rejoindre à la Faucille la route de Saint-Claude à Genève (vues magnifiques sur la Suisse). — Saint-Claude, au confluent de la Bienne et du Tacon (d'où son ancien nom de Condat), sur un flanc rapide de montagne, est le siége de l'évêché du Jura : son église cathédrale a de belles stalles du XVe siècle et un retable attribué à Holbein. Pont suspendu de 118 mètres de longueur sur une vallée profonde de 55 mètres. Excursions aux cascades de Flumen et à la vallée de l'Abime. Le canton de Saint-Claude a pour industries la tabletterie et la taille des pierres fines. — Regagner le chemin de fer à Orgelet : voir en passant les ruines romaines de la ville d'Antre, ainsi que celles de la chartreuse de Vaucluse et du curieux château de la Tour-du-Meix.

CHAPITRE XIV

PÉRIODE FRANÇAISE DE L'ANCIEN RÉGIME

(1674-1799.)

L'inscription de la Porte-Saint-Martin. — Besançon capitale de la province. — L'administration française appliquée à la Franche-Comté. — Montbéliard sous la tutelle de la France. — L'inquisition abolie et les études encouragées. — Esprit frondeur du parlement de Besançon. — Mouvements précurseurs de la révolution. — Le baril de poudre de Quincey. — La Franche-Comté divisée en trois départements. — Les trois évêchés constitutionnels. — La *Marseillaise*. — Le Jura mis hors la loi. — Annexion du pays de Montbéliard à la France. — La guillotine en Franche-Comté. — Moncey et Pichegru. — La fabrique d'horlogerie de Besançon. — Les compagnies de Jéhu. — Pichegru et Bonaparte.

1. L'inscription de la Porte-Saint-Martin. — La conquête de la Franche-Comté, devenue définitive par le traité de Nimègue, fut célébrée en France comme l'un des grands succès du règne de Louis XIV : ce n'était pas rien, en effet, que l'annexion de ce riche terroir qui avait pour frontière l'imposante clôture des montagnes du Jura. Un monument commémoratif de cette annexion fut érigé à Paris ; c'est l'arc de triomphe dit la *Porte-Saint-Martin*. On lit sur sa principale face : LUDOVICO MAGNO VESONTIONE SEQUANISQUE BIS CAPTIS. — *A Louis le Grand, en mémoire des deux conquêtes de Besançon et de la Franche-Comté* (1674-78).

II. Besançon capitale de la province. — Dans les capitulations accordées aux diverses villes de Franche-Comté, il y avait eu des réserves concernant les priviléges de chacune d'elles ; mais le gouvernement centralisateur de Louis XIV ne tarda pas à faire bon marché de ces stipulations de circonstance. Tout fut refondu dans la province en matière d'administration, de justice et de fortification. On rasa les remparts de Dole et de Gray, et de tous les châteaux forts on ne conserva que celui de Joux, plus ceux de Belin et de Saint-André, sur Salins. Mais Besançon, fortifiée sur les plans de Vauban, devint un des boulevards de la défense de la France. Dole se vit enlever successivement, au profit de ce nouveau centre, le gouvernement militaire, le parlement, l'université et la monnaie ; il ne lui resta que la chambre des comptes. Mais Besançon paya cher ces apparentes faveurs : chaque translation fut achetée par une somme énorme applicable aux fortifications. Il fallut encore que la municipalité procurât des logis aux institutions et aux principaux fonctionnaires : le palais Granvelle, amodié d'abord, puis acquis par la ville, fut attribué au gouverneur de la province. Le Champ de Mars fut confisqué par l'autorité militaire, et les citoyens supportèrent des impôts écrasants pour se racheter, en bâtissant des casernes, de l'obligation où ils auraient été de loger les gens de guerre (1676-1711).

III. L'administration française appliquée à la Franche-Comté. — L'administration française s'empara de la Franche-Comté comme d'une proie dont le sang et la moelle lui apparte-naient. En principe, la province était affranchie de tout impôt, et c'était à titre de don gratuit que les États votaient annuellement environ 100000 livres au souverain. Louis XIV ayant voulu faire convertir en impôt ordinaire l'aide de 800000 livres par an accordée extraordinairement à l'Espagne, les membres des États refusèrent de se réunir pour sanctionner une telle mesure. La volonté du roi fut exécutée par l'intendant, et les États cessèrent d'être assemblés. Dès qu'une localité avait quelques ressources disponibles, vite on créait des offices empiétant sur les attributions municipales; force était de racheter ces emplois pour les annexer au corps de ville. Ces mesures fiscales se renouvelant sans cesse, les villes de la Franche-Comté conclurent avec le roi un abonnement qui les dé-chargeât de toute conséquence des créations d'offices : il en ré-sulta pour le trésor un encaisse d'environ quatre millions. Avant la conquête française, la province était divisée en trois grands bail-liages : Amont, Aval et Dole. Louis XIV en créa un quatrième, celui de Besançon, composé de l'ancien territoire de cette ville et des cent villages que l'Espagne y avait ajoutés. Ces quatre grandes circonscriptions bailliagères furent elles-mêmes subdivisées en qua-torze bailliages particuliers (1674-1704).

IV. Montbéliard sous la tutelle de la France. — Le pays de Montbéliard était indispensable à qui voulait assurer la défense de la Franche-Comté. La maison de Wurtemberg en était souveraine : il fallut l'amener à reconnaître pour ce pays le protectorat de la France. Louis XIV y réussit en jetant des garnisons françaises dans Montbéliard, Héricourt et Blamont : l'artillerie de ces places fut confisquée et leurs fortifications à peu près démolies. Cette occupation très-vexatoire dura vingt et un ans; elle prit fin lors du traité de Ryswick : toutefois une garnison française fut maintenue à Blamont pour faire observer les coutumes judiciaires de la Franche-Comté dans les quatre terres d'Héricourt, Blamont, Clémont et Chatelot. Le comté de Montbéliard, considéré comme fief relevant de la couronne française, dut obéir désormais aux injonctions des intendants d'Alsace et de Franche-Comté (1676-97).

V. L'Inquisition abolie et les études encouragées. — En échange de ses libertés perdues, la Franche-Comté obtenait une situation politique normale et le bénéfice d'être associée aux idées de la plus généreuse des grandes nations. L'inquisition, abolie en France, fut également supprimée dans la province, et le prieuré de Rosey, dont vivait l'inquisiteur, fut adjugé au magnifique hôpital qui se construisait à Besançon. Les sciences, les lettres et les arts, que les Comtois ne pouvaient cultiver jadis qu'à la condition de s'expatrier, prirent rang dans les préoccupations du pays lui-même. L'archevêque Antoine-Pierre de Grammont fondait un séminaire et un établissement pour les missions. L'abbé Boisot, acquéreur de ce qui restait des collections formées par les Granvelle, transformait, par testament, son cabinet en un dépôt public qui devint la bibliothèque municipale de Besançon. Les études de jurisprudence et d'histoire locale eurent bientôt un éminent adepte dans Dunod de Charnage. L'année même où mourait cet érudit, le duc de Tallard, gouverneur de la Franche-Comté, créait à Besançon une société littéraire décorée du titre d'Académie des sciences, belles-lettres et arts (1674-1752).

VI. Esprit frondeur du parlement de Besançon. — Le vieil esprit franc-comtois, estimable mélange de rustique droiture et de causticité souvent paradoxale, se réfugia dans le parlement de Besançon : aussi la bonne harmonie ne régna-t-elle pas toujours entre cette cour souveraine et le gouvernement. Deux fois, sous le règne de Louis XV, l'opposition du parlement de Besançon fut punie par l'exil de plusieurs de ses membres. Malheureusement cette opposition était plus systématique que réfléchie. En effet, il y avait un coin de notre pays où les droits féodaux s'exerçaient dans leur primitive rigueur : c'était la terre de l'abbaye de Saint-Claude, devenue depuis 1742 le siége d'un évêché distrait de la province ecclésiastique de Besançon, mais conservant ses liens administratifs et judiciaires avec la Franche-Comté. La mainmorte et la servitude pesaient là sur les terres et les personnes des paysans. Ceux-ci demandaient la faveur d'acheter leur indépendance ; ils avaient pour interprètes l'avocat Christin, de Saint-Claude, et le seigneur de Ferney, qui, à Paris, se nommait Voltaire. Bien que Louis XVI eût prêché d'exemple en abolissant les droits de mainmorte et de servitude dans les domaines royaux, le parlement donna raison au refus qu'opposèrent à leurs serfs et mainmortables les chanoines de Saint-Claude (1772-79).

VII. Mouvements précurseurs de la révolution. — Louis XVI, qui voulait être aimé, désira se rendre compte des souffrances du peuple : de là l'idée de la convocation des assemblées provinciales, mesure généreuse, mais qui contenait en germe tout un programme révolutionnaire. En Franche-Comté, pour ménager les susceptibilités locales, on trouva l'expédient d'une reconstitution des États provinciaux. Mais, comme c'était à prévoir, les trois ordres ne purent s'entendre : de même que dans toutes les provinces, le tiers état, c'est-à-dire le populaire, voulut avoir à lui seul autant de députés que ceux du clergé et de la noblesse réunis. Le gouvernement ayant adopté cette doctrine pour la composition d'une assemblée des États généraux du royaume, le clergé et la noblesse de Franche-Comté protestèrent : cependant neuf

membres du clergé et vingt-deux de la noblesse répliquèrent par
une adhésion aux ordres du roi. Au nombre de ces amis du peuple,
on remarquait : le prince de Montbarrey, fils du ministre de la
guerre; l'ingénieur militaire d'Arçon, inventeur des batteries flot-
tantes; le marquis de Grammont, beau-frère du général La Fayette.
Le parlement ayant condamné cette conduite, un soulèvement populaire éclata contre lui. Les chefs militaires étaient partisans des
réformes : le régiment de Piémont, alors caserné à Besançon,
avait pour colonel le comte de Narbonne, ami du ministre Necker,
auteur des mesures libérales édictées par le roi. Deux maisons des
parlementaires furent pillées, sans que la force armée s'y opposât.
Les curés des campagnes, acquis en masse aux idées nouvelles,
furent maîtres des élections aux États généraux (1787-89).

VIII. Le baril de poudre de Quincey. — La majorité des
États généraux s'était constituée en Assemblée nationale, et le
peuple avait détruit la Bastille, ce lugubre symbole du gouvernement arbitraire. Quelques jours après ce dernier événement, un
baril de poudre faisait explosion au château de Quincey, près de
Vesoul, et tuait un certain nombre de paysans, qui s'y étaient ras-
semblés pour une fête patriotique. On crut à un guet-apens de la
part du propriétaire, le conseiller de Mesmay, qui venait de quitter
cette résidence en laissant des ordres pour que les habitants du
village fussent bien accueillis chez lui. Un cri de vengeance se fit
entendre, à ce propos, dans toute la France : les cloches se mirent
à sonner le tocsin, et une vraie jacquerie s'organisa contre les
châteaux (1789).

IX. La Franche-Comté divisée en trois départements. —
L'Assemblée nationale entreprit avec un viril enthousiasme l'œuvre
d'une constitution à donner au pays. Elle décréta l'égalité de tous
les citoyens devant la loi, l'abolition des titres de noblesse, la

saisie des biens du clergé, puis le partage de la France en 83 départements qui furent subdivisés en districts et ceux-ci en cantons.
La Franche-Comté forma trois départements ainsi dénommés :
HAUTE-SAÔNE, avec *Vesoul* pour chef-lieu; DOUBS, avec *Besançon*
pour chef-lieu; JURA, avec *Lons-le-Saunier* pour chef-lieu. Le
comté de Montbéliard, y compris la seigneurie archiépiscopale de
Mandeure, demeurait en dehors de ce partage comme territoire
étranger à la France (1789-90).

X. Les trois évêchés constitutionnels. — La réorganisation
de l'Église eut son tour. Tous les ordres religieux furent abolis,
et il ne dut plus y avoir en France que des évêchés et des
paroisses : un siége épiscopal était créé dans chaque département;
dix évêques métropolitains devaient remplacer les anciens archevêques. Cette réorganisation s'appela la constitution civile du
clergé : un serment national était imposé aux fonctionnaires ecclésiastiques, et ceux qui le refusaient étaient déclarés déchus; ce fut
le cas de l'archevêque de Besançon et de l'évêque de Saint-
Claude, suivis de l'immense majorité de leurs prêtres. Les élec-
teurs du Doubs choisirent pour évêque le chanoine Seguin, déjà
président de l'administration départementale; ceux de la Haute-
Saône nommèrent évêque de Vesoul l'abbé Demandre, député à
l'Assemblée nationale; ceux du Jura firent évêque l'abbé Moïse,
dont le siége fut établi à Saint-Claude. Besançon fut déclarée métropole ecclésiastique de l'Est (1790-91).

XI. La Marseillaise. — L'émigration, déjà commencée par
la noblesse, se recruta de la plupart des évêques et des prêtres
dépossédés. Une contre-révolution se prépara sur la frontière,
comme une guerre sainte, avec le concours de l'étranger. L'irrita-
tion du peuple fut immense, et l'Assemblée législative, qui remplaça la Constituante, fut élue pour renverser la royauté et étouffer

la coalition des anciennes castes. De réfléchie qu'elle avait été jusqu'alors, la révolution devint furieuse. Le duc de Brunswick envahit le territoire, précédé d'un manifeste déclarant qu'il vient relever le trône et l'autel. L'Assemblée déclare la *patrie en danger* : 300 000 volontaires courent aux frontières; les troupes de la coalition reculent effrayées. *Vivre libre ou mourir* avait été la devise des volontaires; leur hymne, la fameuse *Marseillaise*, était l'œuvre d'un jeune officier du génie, Joseph Rouget de l'Isle, né à Lons-le-Saunier (1791-92).

XII. Le Jura mis hors la loi. — C'est dans ces circonstances que l'Assemblée législative fit élire par la France une Convention nationale qui, après avoir proclamé la république, allait envoyer le roi à l'échafaud. La ligue des puissances étrangères devint formidable, et plusieurs départements arborèrent le drapeau de la réaction. Le Jura, qui se prononçait dans ce sens, fut déclaré pays ennemi. Les représentants Bassal et Bernard de Saintes s'y transportèrent pour anéantir les hommes et les choses de l'ancien régime. Là, comme ailleurs, la proscription s'attaqua même aux images et aux cendres des tombeaux. Besançon, ne voulant pas rester en arrière, détruisit tout ce qu'il y avait dans cette ville de tableaux et de statues rappelant « le règne des tyrans » (1792-93).

XIII. Annexion du pays de Montbéliard à la France. — Bernard de Saintes marcha ensuite sur Montbéliard, à la tête d'une colonne de volontaires républicains. Sans coup férir, il annexa au territoire français le comté de Montbéliard et la seigneurie archiépiscopale de Mandeure. Cet ensemble forma un district incorporé au département de la Haute-Saône (1793).

XIV. La guillotine en Franche-Comté. — A son tour, le département du Doubs inquiéta la tyrannie révolutionnaire. Un soulèvement de 3000 habitants des montagnes, rapidement étouffé,

fut le prétexte de sanglantes assises que le tribunal révolutionnaire de Besançon, précédé de la guillotine, alla tenir à Ornans et
à Malche : douze têtes tombèrent dans la première de ces localités
et dix-neuf dans la seconde. Treize fugitifs repris eurent le même
sort tant à Saint-Hippolyte qu'à Besançon. Dans le Jura, on
n'avait abattu que douze têtes. Plus heureux encore, le département de la Haute-Saône ne vit monter sur l'échafaud qu'une
seule victime (1793-94).

XV. Moncey et Pichegru. — Pendant que ces lugubres scènes
se passaient à l'intérieur, douze armées républicaines luttaient au
delà des frontières. Les Comtois, familiarisés de longue date avec
la guerre, s'illustraient en grand nombre sur les champs de
bataille. Nous nous bornerons à citer les généraux en chef Moncey
et Pichegru, le premier appartenant à la petite noblesse de Besançon, le second sorti de cultivateurs des environs d'Arbois : l'un
réputé dans la suite pour le plus intègre des lieutenants de Napoléon, l'autre mort victime de sa jalousie envers ce futur monarque,
son ancien condisciple de l'école de Brienne (1793-94).

XVI. La fabrique d'horlogerie de Besançon. — Si la Convention nationale eut ses heures d'aberration, elle sut parfois dé-
créter des mesures d'une sage prévoyance. Besançon lui doit la
principale source de sa prospérité, cette fabrique d'horlogerie
fondée par des ouvriers de la Chaux-de-Fonds et du Locle, pros-
crits pour leur adhésion aux idées républicaines de la France. Un
arrêté du représentant Bassal accorda secours et asile à ces réfugiés, puis le Comité de salut public déclara *national* l'établissement
d'horlogerie formé par eux dans le département du Doubs (1793).

XVII. Les compagnies de Jéhu. — Le renversement de Ro-
bespierre mit fin au régime terroriste. Ceux qui en avaient été les
instruments furent persécutés à leur tour. Il se constitua, sous le

nom de *Compagnies de Jéhu* ou *du Soleil*, des bandes qui vengè-
rent par des assassinats les victimes des tribunaux révolutionnai-
res. Dans les prisons et sur les grandes routes du Jura, l'association réactionnaire de Lons-le-Saunier fit de nombreuses exécutions
(1794-95).

XVIII. Pichegru et Bonaparte. — La constitution dite de
l'an III, modelée sur celle des États-Unis, donna naissance au Di-
rectoire. Ce régime, obligé d'adopter une politique de bascule,
n'inspirait ni respect ni confiance. Les partis s'agitaient autour des
chefs militaires pour se disputer le bénéfice d'un inévitable coup
d'État. Pichegru, commissionné par les royalistes, fut déporté
comme traître, tandis que son rival, Bonaparte, qui ne travaillait
que pour lui-même, allait en Égypte chercher le complément d'un
prestige qui lui permettrait de tout oser (1795-1799).

ITINÉRAIRE XIV

LA VALLÉE DE LA LOUE. — C'est par Ornans qu'on entre dans la vallée de la Loue,
pour remonter le cours de cette rivière jusqu'à sa source. — Ornans, petite ville assise
sur les deux rives de la Loue, est la place commerciale pour les vins et les kirschs de
la vallée. C'est la patrie de Nicolas Perrenot de Granvelle, garde des sceaux de Charles-
Quint. On voit dans l'église (du XVIe s.) le tombeau du père et de la mère de cet
homme illustre, le lutrin donné par lui, divers reliquaires et tableaux provenant de
son fils le cardinal. Ruines du château d'Ornans, qui appartenait aux anciens souverains de la province. — La vallée se resserre de plus en plus : d'un côté sont les
vignes, de l'autre les prés en pente peuplés de cerisiers, avec des entablements en
roche blanche de part et d'autre. Riches villages de Montgésoye, Vuillafans, Lods
(belles forges) et Mouthier-Haute-Pierre (église intéressante). La roche de Haute-
Pierre (880 m. d'altitude) a pour vis-à-vis une aiguille rocheuse appelée le *Moine de
Mouthier*. Belle cascade de *Syratu*. Gorges de *Nouailles*, d'une sauvagerie grandiose,
se terminant par un cirque de rochers, de plus de cent mètres de rayon, au pied du-
quel est une caverne d'où la Loue jaillit en écumant.

CHAPITRE XV

PÉRIODE FRANÇAISE CONTEMPORAINE

(1799-1876.)

Charles Nodier et Victor Hugo. — La Franche-Comté sous le premier Empire. — Le blocus de Besançon en 1814. — Le comte d'Artois à Vesoul et le maréchal Ney à Lons-le-Saunier. — La Franche-Comté sous la Restauration. — La Franche-Comté sous Louis-Philippe. — La Franche-Comté sous le second Empire. — La bataille de Cussey. — Marche et retraite de Bourbaki. — La Franche-Comté depuis la guerre avec la Prusse. — Ressources de la Franche-Comté. — Les Comtois jugés par le marquis de Montglat.

I. Charles Nodier et Victor Hugo. — Quarante-cinq jours après son coup d'État, Bonaparte était premier consul et chef du pouvoir exécutif : en procédant graduellement, il finit par se trouver assis sur un trône héréditaire d'empereur. Le tempérament de la Franche-Comté ne comportait pas beaucoup d'enthousiasme pour le nouvel ordre de choses. Ce fut même de Besançon que partit, à l'adresse du premier consul, une ode virulente qui formulait les imprécations des républicains : nous avons nommé la *Napoléone*, écrite par Charles Nodier, à l'âge de vingt-et-un ans. Dans le même mois qui vit éclore cette poésie (février 1802), le hasard faisait naître à Besançon le futur auteur des *Châtiments*, Victor Hugo (1799-1802).

II. La Franche-Comté sous le premier Empire. — La France reçut du premier Empire une organisation plus uniforme que l'ancien régime et moins compliquée que les divers systèmes républicains. La parole était enlevée aux assemblées ; pendant dix ans, elle ne devait plus appartenir qu'au canon. On maintint la division de la France en départements, mais on remplaça les directoires départementaux par des préfets, en même temps que l'on substituait aux trop nombreux districts une subdivision par arrondissements : c'est celle qui existe encore aujourd'hui, à l'exception que le troisième arrondissement du Doubs avait pour chef-lieu Saint-Hippolyte. Le pays de Montbéliard, qui était passé du département de la Haute-Saône à celui du Mont-Terrible, échut à la circonscription administrative du Haut-Rhin. Les trois départements du territoire comtois formèrent le diocèse archiépiscopal, le ressort de la Cour d'appel et celui de l'Académie universitaire de Besançon. Cette ville fut en outre le chef-lieu d'une division militaire. Quelques associations intellectuelles reparurent en Franche-Comté : Besançon et Vesoul eurent, dès le commencement du XIXe siècle, des sociétés d'agriculture, sciences et arts ; en 1806, les membres survivants de l'ancienne Académie de Besançon reformèrent cette compagnie (1801-1807).

III. Le blocus de Besançon en 1814. — Napoléon, après avoir triomphé de toutes les nations européennes coalisées, fut vaincu par le froid et la faim qu'il rencontra dans les solitudes neigeuses de la Russie. Tous ses alliés du moment l'abandonnèrent, et il ne put empêcher l'invasion du sol français. Cent soixante mille Autrichiens entrèrent par Bâle, pour venir bloquer toutes les places de l'Est. Besançon, avec moins de 7000 hommes de garnison et une garde urbaine de 3000 hommes, résista vaillamment, sous les ordres du général Marulaz, à un corps de 15 000 hommes que commandait le prince de Lichtenstein. Le blocus dura près de quatre mois : la ville subit même un bombardement nocturne qui, dans l'espace de deux heures, fit pleuvoir sur elle près de 400 obus.

Les hostilités ne cessèrent qu'à l'arrivée des décrets qui déclaraient Napoléon déchu du pouvoir (1804-1814).

IV. Le comte d'Artois à Vesoul et le maréchal Ney à Lons-le-Saunier. — Pendant le blocus de Besançon et l'occupation de la Franche-Comté par les troupes étrangères, le comte d'Artois était venu en France par Pontarlier, se dirigeant de là sur la Lorraine en passant par Vesoul : c'est de cette dernière ville qu'il data la proclamation dans laquelle il s'intitulait *lieutenant général du royaume.* Lors du retour subit de Napoléon, le maréchal Ney, envoyé par Louis XVIII pour arrêter l'*usurpateur*, reçut à Lons-le-Saunier une dépêche de son ancien maître, et entraîna ses soldats dans une défection qui devait lui coûter la vie. Après Waterloo, la France subit une nouvelle invasion. Le jurassien Lecourbe défendit avec intrépidité Belfort, et le maréchal Jourdan se préparait à soutenir un siége dans Besançon; mais l'annonce de la capitulation de Paris rendit bientôt toute résistance impossible (1814-1815).

V. La Franche-Comté sous la Restauration. — La France ayant perdu la plus grande partie de ce qu'elle s'était récemment annexé, il y eut quelques modifications à introduire dans les circonscriptions départementales. Le pays de Montbéliard, distrait du Haut-Rhin, entra dans le département du Doubs; sa ville principale remplaça Saint-Hippolyte comme chef-lieu d'arrondissement. On augmenta le nombre des évêchés : tout le département du Jura fut détaché du diocèse de Besançon pour reconstituer un diocèse de Saint-Claude. La Franche-Comté ne resta pas étrangère au mouvement intellectuel de cette époque. Lons-le-Saunier constitua, sous le titre de Société d'émulation du Jura, une association largement ouverte et apte à s'occuper de toutes les questions locales. La ville de Besançon reçut de l'architecte Paris, l'ancien dessinateur de Louis XVI, tout un musée d'art et d'archéologie. La veuve d'un autre enfant de Besançon, le littérateur Suard, fonda une pension triennale pour l'entretien à Paris d'un jeune homme pauvre du département du Doubs, se destinant aux lettres ou aux sciences (1815-1830).

VI. La Franche-Comté sous Louis-Philippe. — La révolution de 1830 ne provoqua guère en Franche-Comté d'autre manifestation que le renversement des statues élevées naguère à Pichegru, le conspirateur royaliste. Le gouvernement de Louis-Philippe, fondé pour être la meilleure des républiques, laissa toute liberté de parole et de plume aux auteurs de systèmes politiques et sociaux. Besançon avait produit deux des plus remarquables de ces novateurs : Fourier, le platonique inventeur de la doctrine phalanstérienne, et Proudhon, le fougueux apôtre des théories socialistes. En revanche, Montbéliard avait donné le jour au grand Georges Cuvier, et, trois ans après sa mort, cette ville lui élevait une statue. Un événement commercial coïncida dans notre contrée avec les débuts du règne de Louis-Philippe : le canal du Rhône au Rhin, conception de l'ingénieur militaire La Chiche, de Dole, reçut son achèvement. Durant ces années de calme et de prospérité, l'initiative provinciale eut d'heureuses inspirations : Besançon créa la Société d'émulation du Doubs, qui compte aujourd'hui plus de 500 membres (1830-1848).

VII. La Franche-Comté sous le second Empire. — Les terribles émeutes de Paris en 1848 firent désirer par les campagnes un gouvernement autoritaire. Les 8 millions de suffrages qui portèrent Louis-Napoléon Bonaparte à la présidence furent le prélude du coup d'État d'où sortit le second Empire. Ce régime donna une vive impulsion aux grands travaux d'utilité publique. La Franche-Comté fut sillonnée par plusieurs lignes de chemins de fer ayant ensemble un développement de 711 kilomètres. Beaucoup d'en-

6.

couragements furent accordés aux institutions de crédit et d'épargne, ainsi qu'aux associations intellectuelles. Montbéliard et Poligny formèrent des sociétés savantes qui rivalisent de succès avec celles des chefs-lieux départementaux (1818-1870).

VIII. La bataille de Cussey. — Après la catastrophe de Sedan, il devint probable que la Franche-Comté serait envahie. Le général prussien Werder, quand il eut réduit Strasbourg par un horrible bombardement, franchit les Vosges en chassant devant lui une petite armée française que commandait le général Cambriels. Celui-ci se réfugia sous Besançon. Werder fit une pointe dans la direction de cette place. Le passage de l'Ognon, à Cussey, fut bravement défendu par nos troupes, qui ne reculèrent que pied à pied. Un instant les Prussiens occupèrent le village d'Auxon-Dessus; mais un millier de zouaves d'Afrique, qui descendaient du chemin de fer, les débusquèrent à la baïonnette. Le lendemain l'ennemi essaya vainement de s'établir à Châtillon-le-Duc, puis de tourner cette position pour surprendre Besançon : la fusillade de nos tirailleurs détermina sa retraite sur Dijon. Les vallées de la Saône et de l'Ognon continuèrent à servir au passage des troupes ennemies. Le siége fut mis devant Belfort, et le pays de Montbéliard fut livré en pâture à l'armée assiégeante. L'armée de l'Est avait quitté Besançon pour se fondre dans l'armée de la Loire : dès lors la place de Besançon, suffisamment isolée des divers théâtres de la guerre, ne fut plus redoutée ni convoitée par l'ennemi (1870).

IX. Marche et retraite de Bourbaki. — Cette situation se prolongea jusqu'au moment où le général Bourbaki reçut la mission de conduire depuis la Loire cent vingt mille hommes qui débloqueraient Belfort. Ce mouvement se fit dans les conditions les plus déplorables : le froid était excessif, les hommes étaient mal vêtus et les vivres toujours en retard. A la suite de plusieurs combats favorables à nos armes, les Prussiens, délogés de Villersexel et d'Arcey, se retranchèrent derrière la Lizaine, petite rivière qui coule entre Montbéliard et Héricourt. Pendant trois jours, Bourbaki donna l'assaut, sur une longueur de quatre lieues, à cette ligne formidable, sans pouvoir l'entamer. Alors commença une lamentable retraite dans la direction de la frontière suisse, spectacle tellement navrant que le général Bourbaki tenta de se suicider, à Besançon, pour n'en plus être le directeur et le témoin. Nos troupes pouvaient encore gagner, par les routes du haut Jura, la région lyonnaise; mais, sur la foi d'une dépêche officielle du ministre Jules Favre annonçant la conclusion d'un armistice général, elles ralentirent leur marche : on avait oublié de leur dire que les opérations militaires de l'Est étaient exceptées de la suspension d'armes. Quand la vérité fut connue, il ne resta plus d'autre parti à prendre que de demander l'internement en Suisse de 85000 soldats de la France. Les forts de Joux et du Larmont servirent puissamment à protéger cette opération. Quelques jours auparavant, les forts de Salins avaient empêché l'ennemi d'occuper un important point de passage (1871).

X. La Franche-Comté depuis la guerre avec la Prusse. — Le traité de paix signé à Francfort imposait à la France une indemnité de cinq milliards, ainsi que la cession aux Allemands de la province d'Alsace, moins Belfort, et d'un tiers environ de la Lorraine. L'Assemblée nationale, présidée par le jurassien Jules Grévy, tint à ce que le lambeau d'Alsace qui nous restait conservât son autonomie et représentât la province absente : en conséquence le territoire de Belfort eut une administration civile spéciale, tout en étant aux autres titres rattaché à la Franche-Comté. La France fut divisée en dix-huit régions militaires, chacune d'elles formant le périmètre d'action d'un corps d'armée. Le commandement de la septième région, dont Besançon devenait le chef-lieu, fut confié au général duc d'Aumale, à l'instant où ce prince, chargé de présider un mémorable conseil de guerre, venait de prononcer une parole qui a droit aux échos de l'histoire : « La France existait toujours! » (1871-1873.)

XI. Ressources de la Franche-Comté. — Si la France peut, au lendemain de tant de désastres, se retrouver plus riche que ceux qui l'ont rançonnée, elle le doit à la merveilleuse fécondité de son sol et à l'incomparable variété de ses industries. Nous voudrions dire en peu de mots quels éléments proviennent de la Franche-Comté dans l'ensemble des forces et des ressources de la nation.

HAUTE-SAONE. — Superficie 531 000 hectares. — Population 303 000 habitants. — C'est la région par excellence de la culture des céréales et des plantes fourragères : le rendement moyen du blé par hectare y est évalué à 16 hectolitres. C'est là que les herbagers du Nord viennent acheter des bœufs de la race dite *fémeline,* dont ils font des animaux de boucherie remarquables. De nombreuses usines utilisent le minerai de fer et le bois qui abondent dans ce département.

DOUBS. — Superficie 523 000 hectares. — Population 291 000 habitants. — Contrée en grande partie montagneuse. Les forêts de sapin de la haute montagne rendent annuellement jusqu'à 158 francs par hectare. Les pâturages de ces mêmes hauteurs sont favorables à la fabrication du fromage façon Gruyère, fabrication qui, pour les trois départements. s'élève chaque année à plus de dix-sept millions de kilogrammes. La plus fructueuse des industries du département est l'horlogerie : Besançon produit annuellement plus de 400 000 montres et a, sous ce rapport, la possession à peu près exclusive du marché français. La région de Montbéliard est peuplée de magnifiques usines pour la fabrication de l'outillage industriel.

JURA. — Superficie 500 000 hectares. — Population 288 000 habitants. — Trois régions culturales distinctes : la montagne, le vignoble et la plaine. Les vins sont ici la principale richesse : crûs de Salins, des Arsures, d'Arbois, de Poligny, de Château-Chalon et de l'Étoile; fabrication de vins champagnisés. Les salines du Jura, Salins, Montmorot et Groson, remontent comme exploitation à la plus haute antiquité. C'est à Fraisans qu'est le principal établissement de la grande Compagnie des forges de Franche-Comté. Les hautes montagnes du Jura ont des centres industriels très-actifs : Morez, pour la grosse horlogerie; Septmoncel, pour la taille des pierres fines; Saint-Claude, pour la tabletterie.

XII. Les Comtois jugés par le marquis de Montglat. — Quant à la physionomie morale des habitants, elle est dépeinte dans les lignes suivantes, que nous empruntons aux *Mémoires* du marquis de Montglat : « Ils sont si amateurs de leur franchise, qu'ils hasarderoient leurs biens et leurs vies pour la maintenir, et aimeroient mieux perdre tout ce qu'ils ont au monde que de changer de domination; ce qui fait qu'il est plus difficile qu'on ne pense de les assujettir, d'autant qu'on ne peut le faire qu'à coups d'épée, et qu'il faut abattre le dernier de cette nation avant que d'en être le maître. » — Avis à ceux qui tenteraient d'arracher la Franche-Comté à la France !

ITINÉRAIRE XV

BESANÇON MODERNE. — Descente de la gare par la Mouillère et la promenade Marand; entrée en ville par le pont de Bregille. — *Quartier des casernes* : église de l'abbaye Saint-Paul (fin du XIVᵉ s.) servant d'écurie. — *Cathédrale* (Saint-Jean) : murs latéraux du XIᵉ s., grande nef et principale abside du XIIᵉ, voûtes du XIIIᵉ, seconde abside du XVIIIᵉ; tableaux de Fra-Bartolommeo, de Sébastien del Piombo, du Trévisan, de Carlo Vanloo; chaire à prêcher de 1629; tombeau en marbre blanc de Ferry Carondelet (mort en 1528). — *Archevêché* renfermant quelques bons tableaux. — *Bibliothèque de la ville* (fondée en 1694) : 120 000 imprimés, 1800 manuscrits, 10 000 médailles; statue en marbre de Théodore Jouffroy, par Pradier. — *Palais Granvelle* édifié à l'italienne pour le garde des sceaux de Charles-Quint, de 1531 à 1540 : une statue en marbre du cardinal de Granvelle, par M. J. Petit, doit y être placée. — *Préfecture*, autrefois intendance, bâtie d'après les plans de l'architecte Louis, de 1771 à 1780. — *Arsenal d'artillerie*, très-important, commencé en 1840. — *Chamars*, autrefois belle promenade : superbes platanes; statue en bronze du général comte Pajol par son fils. — *Hôpital* construit de 1686 à 1707 : grille magnifique; curieuse pharmacie léguée en 1702; jolie chapelle dessinée par l'architecte Nicole (1740). — *Lycée*, ancien collège des Jésuites, bâti de 1718 à 1739. — *Collège Saint François-Xavier* (1850) : chapelle (M. Ducat, archit.) renfermant des peintures murales de M. Ed. Baille. — *Hôtel de ville* : façade de 1522. — *Palais de justice* : façade de Hugues Sambin, élève de Michel-Ange (1582-85); grande salle avec de belles boiseries (XVIIIe s.). — *Musée de peinture* : descente de croix, par Bronzino; portraits des deux Granvelle, par Titien et Gaëtano; portraits de Simon Renard et de sa femme, par Antonio Moro. — *Musée d'archéologie* : collection celtique provenant des *tumulus* d'Alaise; taureau en bronze d'Avrigney. — *École d'horlogerie*, dans l'ancien grenier de la ville (édifice de 1722). — *Église de Sainte-Madeleine* (1746-66; Nicole architecte). — Monter à Chaudane pour avoir une vue d'ensemble de Besançon et de ses défenses : citadelle et corps de place, par Vauban (1674-1710); lunettes de Touzey et de Trochâtey, par d'Arçon (1798); fort Brégille (1820); fort Chaudane (1837); fort Beauregard (1848); forts des Justices, de Rognon, de Palente, de Montboucon, de Peu et des Buis (1870-71); forts de Chailluz, de Châtillon, de Montfaucon, de Fontain, et batterie Rolland (1872-76).

FIN

DESACIDIFIE
à SABLE : 1994

TABLE DES MATIÈRES

Chapitres.	Pages.
I. — Période séquanaise (115-47 av. J.-C.)	5
Itinéraire I : *Alaise et la vallée de Nans*	10
II. — Période romaine (47 av. J.-C. — 407 ap. J.-C.)	11
Itinéraire II : *Besançon colonie romaine.*	20
III. — Période burgonde (407-531).	21
Itinéraire III : *Le pays de Montbéliard.*	24
IV. — Période franque (531-741)	25
Itinéraire IV : *Luxeuil*	28
V. — Période carolingienne (741-879)	29
Itinéraire V : *De Besançon à Pontarlier*	32
VI. — Période féodale (879-1038).	33
Itinéraire VI : *Arbois, Poligny, Lons-le-Saunier*	36
VII. — Période sacerdotale (1038-1148).	37
Itinéraire VII : *Baume-les-Dames et la Grâce-Dieu*	40
VIII. — Période allemande (1148-1218)	41
Itinéraire VIII : *Dole.*	46
IX. — Période communale (1218-1330).	46
Itinéraire IX : *Vesoul et Gray*	55
X. — Période anglo-française (1330-1384).	56
Itinéraire X : *Salins*	62

XI. — Période ducale (1381-1477)............................ 63

    Itinéraire XI : *Le fort de Joux et les routes de Suisse*.. 68

XII. — Période autrichienne (1477-1556).................... 69

    Itinéraire XII : *Le Saut-du-Doubs, Morteau et Montbenoit*. 71

XIII. — Période espagnole (1556-1674)..................... 75

    Itinéraire XIII : *Champagnole, Morez, Saint-Claude*.... 87

XIV. — Période française de l'ancien régime (1671-1799)........ 88

    Itinéraire XIV : *La vallée de la Loue*................. 97

XV. — Période française contemporaine (1799-1876)........... 98

    Itinéraire XV : *Besançon moderne*.................. 105

FIN DE LA TABLE DES MATIÈRES

PARIS. — IMPRIMERIE DE E. MARTINET, RUE MIGNON, 2

www.ingramcontent.com/pod-product-compliance
Lightning Source LLC
Chambersburg PA
CBHW052127090426
42741CB00009B/1984